Ingo Schönherr

Gas oder Bremse

Wer auf der Bremse steht, wird nicht vorankommen!

www.tredition.de

© 2019 Ingo Schönherr

Verlag und Druck: tredition GmbH, Halenreie 40-44, 22359 Hamburg

ISBN
Paperback: 978-3-7482-4605-3
Hardcover: 978-3-7482-4606-0
e-Book: 978-3-7482-4607-7

Das Werk, einschließlich seiner Teile, ist urheberrechtlich geschützt. Jede Verwertung ist ohne Zustimmung des Verlages und des Autors unzulässig. Dies gilt insbesondere für die elektronische oder sonstige Vervielfältigung, Übersetzung, Verbreitung und öffentliche Zugänglichmachung.

Kapitel 1   Wer kann erfolgreich sein?   Seite   13

Ein harter Weg   Seite   18
Wer bin ich Teil 1   Seite   19

Kapitel 2   Tipps zur Anwendung   Seite   31
Probleme lösen, Routine hilft!   Seite   39
Wer bin ich Teil 2   Seite   41
Schulden machen handlungsunfähig   Seite   43

Kapitel 3   Etappen und Ziele zum Erfolg   Seite   53
Wer bin ich Teil 3   Seite   59
Regeln   Seite   63
Wieder einmal aufstehen und durchstarten   Seite   66

Kapitel 4 Die Umsetzung   Seite   69
Zögern Sie nicht   Seite   72

Kapitel 5   Gestalten Sie Ihr Image   Seite   74
Gute Laune Image   Seite   74
Tagebuch führen   Seite   75
Körpersprache (Hände)   Seite   76
Falsche Bescheidenheit   Seite   77
So kann Sie die Kritik nicht treffen   Seite   78
Wie gewinne ich an Ausstrahlung   Seite   80

Kraft tanken und ausdauernd werden	Seite	82
Wenn möglich, erledigen Sie…	Seite	83
Kapitel 6 Auf ein Neues	**Seite**	**85**
Wer bin ich Teil 4	Seite	93
Sei stolz auf das, was du hast	Seite	97
Sorgen und quälende Gedanken	Seite	98
Wie gehe ich mit Stress um?	Seite	106
Kapitel 7 Treffen Sie eine Entscheidung	**Seite**	**110**
Wie stärke ich mein Selbstvertrauen?	Seite	113
Frei sprechen und Reden halten	Seite	118
Abschließende Gedanken	Seite	128
Zitate und Sprüche	Seite	133

Gas oder Bremse

von Ingo Schönherr

Wer auf der Bremse steht, wird nicht vorankommen.

Wie Sie sich aus Misserfolgen, Krisen und Rückschlägen erholen und positive Energie sammeln, um wieder durchstarten zu können!

Über den Autor

Ingo Schönherr kommt aus einer einfachen Familie und wuchs mit drei Stiefgeschwistern in einem kleinen Dorf im Murgtal auf. Nach Abschluss der Hauptschule erlernte er den Beruf Koch. Er absolvierte den Wehrdienst, und danach begann eine Zeit des »Findens«. LKW-Fahrer, Eigentümer eines Speiserestaurants, Maschinenführer eines großen Kartonherstellers, Staplerfahrer und stellvertretender Versandleiter waren nur einige Stationen seines jungen Lebens. Der Durchbruch zum selbstständigen Geschäftsmann kam erst einige Jahre später.

Der Wendepunkt in seinem Leben war der Verlust seiner ersten Firma und die damit verbundene Trennung von seiner damaligen Ehefrau und den beiden kleinen Töchtern.

Nach diesem persönlichen Tiefschlag arbeitete er erneut an einer Karriere als erfolgreicher Geschäftsmann mit der Gründung eines bundesweit tätigen Unternehmens im Bereich der Sicherstellung und Vermarktung von Leasingobjekten.

Mit dieser Lebenserfahrung und den durchlebten Erfolgen und Misserfolgen sowie der Teilnahme an zahlreichen Seminaren, Trainings- und Fortbildungskursen bei renommierten Coaches erlangte er seine heutigen Kenntnisse im Führen von Krisengesprächen, der Entwicklung von Verkaufsprozessen, der Beratung von Unternehmen und Mitarbeitern und der Entwicklung von Entscheidungsprozessen im gewerblichen und privaten Umfeld. Der heutige Vertriebsleiter, Berater und Autor berichtet authentisch über die Möglichkeiten, Konsequenzen und Tatsachen auf dem Weg zur Zielerreichung. Ingo Schönherr, Vater zweier erwachsener Töchter, lebt heute, wieder glücklich verheiratet mit seiner Frau aus erster Ehe, im Nordschwarzwald in einem kleinen Bergdorf nahe der Kreisstadt Karlsruhe.

VORWORT

Eigentlich sind es mehrere Gründe, die mich dazu bewogen haben, dieses Buch zu schreiben. Meine Frau und ich sind sehr gesellige Menschen, und wir lieben das Leben und die Gesellschaft von Freunden und Bekannten. Wir lassen keine Gelegenheit aus, uns zu treffen. Im Sommer bei schönem Wetter wird regelmäßig gegrillt, oder es wird der selbstgemauerte Pizzaofen angefeuert. Gemeinsam wird gebacken und gekocht und bei einem edlen Tropfen in gemütlicher Runde diskutiert. Themen, über die man sich unterhalten kann, gibt es immer wieder genug. Sei es das Haus, die Arbeit oder das Haustier. Oder aber die Probleme anderer Leute, beispielsweise die des Nachbarn. Aufgefallen ist mir jedoch, dass es dabei meist sogenannte Redensführer gibt. Also Menschen, die das Wort ergreifen und die Richtung des Gesprächs vorgeben. Das sind in meinem Umkreis Menschen verschiedenster Art. Zum einen der Handwerker, der sich in seinem Gewerk perfekt auskennt und jeden von seinem Wissen überzeugen möchte. Zum anderen die junge Frau, die sich seit Jahren mit Tieren beschäftigt und bereits zur selbsternannten Hundeflüsterin geworden ist. Und es gibt diejenigen Menschen, die interessiert und gespannt zuhören, jedes Wort quasi aufsaugen, aber selbst nicht viel zu dem Gespräch beitragen.

Was soll ich sagen? Ich bin da eher der Typ Mensch mit einem höheren Redeanteil als andere. Also einer der eingangs erwähnten Redensführer. Eigentlich unbewusst, aber auch nicht lästig, habe ich mir sagen lassen.

Aus diesen Situationen des Alltags nahm ich für mich mit, dass viele Menschen bei bestimmten Themen äußerst interessiert zuhörten, und es kam bei den Gesprächen oft die Frage auf, woher ich all diese speziellen Dinge wüsste. Dabei stellte ich fest, dass ich erst einmal darüber nachdenken musste.

Grundsätzlich bin ich jedoch der Meinung, dass das schlichtweg zum Großteil die Lebenserfahrung ist, die mir dieses Wissen vermittelt hat. Eine Lebenserfahrung, die ich mir unter anderem durch unzählige Fortbildungskurse, Seminare und Schulungen in meinem Business sowie durch meinen Drang, immer in dem, was ich tue, gut zu sein, angeeignet habe.

Was erhalten Sie mit diesem Buch?

- Sie lesen wahre Geschichten über Höhen und Tiefen im alltäglichen Leben.
- Sie lesen über verschiedene Verhaltensregeln im Umgang mit Kollegen, Geschäftspartnern und Vorgesetzten.
- Sie erfahren, was Sie wissen sollten, um Positives für sich umzusetzen.
- Sie erhalten Tipps und Anregungen zur persönlichen Anwendung.
- Sie erhalten Ratschläge aus der Praxis, um Ihre Ziele zu erreichen und Ihre Aufgaben zu meistern.
- Im besten Fall haben Sie auch noch Spaß beim Lesen.

Ich schreibe in diesem Buch meine Erfolge und Misserfolge nieder, mit dem Gedanken daran, meine persönlichen Erfahrungen an zielorientierte, erfolgswillige und ehrgeizige Menschen weiterzugeben. Aber auch um den Menschen, die sich genau als das Gegenteil bezeichnen, mitzuteilen, dass alles geht, was man sich vorstellt. Man muss es nur wirklich wollen, und fast noch wichtiger ist: Man muss es auch tun.

Schreiben Sie mir Ihre persönlichen Erfahrungen, Ihre Erfolge oder Misserfolge. Gerne tausche ich mich mit Ihnen aus.

Viel Spaß beim Lesen und Umsetzen.

Ingo Schönherr

Kapitel 1 – Wer kann erfolgreich sein?

Warum werden über neunzig Prozent nicht erfolgreich? Diese Frage habe ich mir auch gestellt, und ich bin für mich persönlich zu einer Antwort gekommen, die ich gerne mit Ihnen teilen möchte. Jeder hat seine ganz eigene Theorie dazu. Meine ist folgende:

Der Alltag ist das von uns unbewusst oder bewusst täglich gelebte Leben. Wir bewegen uns in einem Rhythmus, der uns vorgelebt wurde oder den wir uns angeeignet haben. Denken Sie einmal nach. Wie verlaufen Ihre Tage? Abwechslungsreich oder eher identisch?

Der Tag beginnt meist mit dem Ritual des Aufwachens und dem morgendlichen Duschen mit anschließendem Frühstück oder nur der Tasse Kaffee oder Tee. Mit der Fahrt zur Arbeit im Auto oder mit Bus und Bahn. Dann das Stehen im Stau oder der Platzmangel in der Bahn und der Kampf um einen freien Fensterplatz. Die Routine bei der Arbeit mit dem Gang zum Kaffeeautomaten und der Zigarette zwischendurch. Auch in der Mittagspause geht es selten abwechslungsreich zu, da die Zeit für ausgiebige Entspannung meist nicht gegeben ist.

Nach der Arbeit dann endlich die verdiente Ruhe. Oder doch eher die Hausarbeit, das Öffnen des Briefkastens und das Lesen und Aussortieren der Post. Das Füttern der Haustiere und der Weg zum Discounter, um einzukaufen. Es folgt das Vorbereiten des Abendessens und das Einschalten des Fernsehers, um die tägliche Serie zu sehen, die neben dem Abendessen eingesaugt wird. Eine Flasche Bier oder ein Glas Wein, und am Abend bei schönem Wetter auf dem Balkon, der Terrasse oder im Garten etwas entspannen. Nebenbei noch etwas Musik gehört und ein paar Kleidungsstücke gebügelt, die Unordnung vom Vortag beseitigt, bis der müde

Körper einem signalisiert, dass es nun Zeit wird, zu Bett zu gehen, um für den nächsten erlebnisreichen Tag – hauptsächlich für die Arbeit – wieder fit zu sein.

So oder so ähnlich geht es den meisten von uns. Wir leben im Alltagstrott, und je länger wir darin gefangen sind, umso schwieriger wird es, daraus auszubrechen.

Ist es denn bei Ihnen auch so? Wenn ja, könnte genau dies einer der Gründe sein, warum Sie Ihr Wunschziel bisher noch nicht erreicht haben. Kann ich dem Alltag überhaupt entfliehen? Die täglichen Aufgaben müssen doch erledigt werden. Wie soll das denn funktionieren?

Es gibt so viele Menschen, die erfolgreich werden wollen, aber dieses Ziel erreichen leider nur etwa fünf Prozent davon. Wollen Sie auch zu den fünf Prozent gehören?

Bevor ich Ihnen weitere Schritte aufzeige, welchen Plan Sie dazu am besten verfolgen sollten, möchte ich Ihnen zwischen meinen Ratschlägen immer wieder mit einigen kleinen Geschichten veranschaulichen wie mein Leben verlief, bevor ich mir genau dieselbe Frage stellte. Wie komme ich aus diesem Trott, und was kann ich verändern? Gleichzeitig stellte ich mir unter anderem folgende Fragen:

Wie werde ich erfolgreich?

Und was ist eigentlich »erfolgreich sein«?

Was bedeutet das vor allen Dingen für mich persönlich?

Wie Sie diese und andere Fragen für sich selbst beantworten können, erfahren Sie auf den nächsten Seiten meines Buches.

Ich freue mich sehr, dass Sie genau jetzt diese Zeilen lesen, und wünsche mir, dass Sie am Ende des Buches für sich etwas Positives mitnehmen können.

Die Entstehung dieses Buches

Die Entstehung dieses Buches begann vermutlich bereits unbewusst vor vielen Jahren.

Als Jüngster der neunten Abschlussklasse der Hauptschule eines kleinen Dorfes im Murgtal wurde ich mit den ersten wichtigen Fragen meines Lebens konfrontiert. Was nun? Welchen Beruf? Was möchte ich in meinem Leben erreichen? Und ganz ehrlich, ich hatte keinen Plan, keine Idee und auch keinerlei Vorstellung davon, was mich in meiner Zukunft erwarten würde. Mit vierzehn Jahren noch verspielt und sorglos sollte ich nun eine Entscheidung treffen, die möglicherweise mein Leben zeichnete?

Zu Hause lebten wir sehr einfach. Meine Eltern hatten viel mit sich selbst und ihren Problemen zu tun. Mein Stiefvater nahm das Zepter in die Hand und vereinbarte mit mir einen Beratungstermin beim Arbeitsamt. as Gespräch verlief, soweit ich mich noch daran erinnern kann, sehr einseitig.

»Welcher Beruf kommt denn infrage?« Der Mitarbeiter im Amt schaute mich an und wartete auf eine Antwort. Als die nicht kam, stellte er die nächste Frage. »Etwas Technisches? Vielleicht Elektroniker« Ja, aber die Ausbildungsplätze waren bereits alle vergeben. Dann kam die Frage: »Gastronomie?«

Mein Stiefvater sah mich an und meinte: »Du isst doch gerne, wäre nicht Koch ein guter Beruf?«

Ich überlegte einen Moment und antwortete kurz und bündig: »Na gut, dann mache ich das.«

Es gab noch einige unbesetzte Lehrstellen, und damit war die Berufsauswahl in fünfzehn Minuten abgeschlossen. Bestimmt nicht der optimale Verlauf, aber ich hatte meine erste wichtige Entscheidung in meinem Leben getroffen.

Ein neues Kapitel begann. Ich hatte nicht die geringste Vorstellung davon, was mich bei dieser Ausbildung erwarten würde.

Ich startete mein erstes Ausbildungsjahr als Koch im Speiserestaurant »Zum Nest« in Baden-Baden. Kost und Logis und neunzig D-Mark monatlich im ersten Lehrjahr. Ich teilte mir ein Zimmer mit drei Kollegen unter dem Dach eines Altbaus über dem Restaurant. Der erste Arbeitstag begann mit der Begrüßung des Chefs und den Worten: »Junge, merke dir eines: Ein Koch ist eine Drecksau, und so musst du dich verhalten.« Was auch immer mir diese Worte sagen sollten, ich war bereits am ersten Tag bedient. Nun waren sie da, die ersten Zweifel und Fragen. Was genau mache ich hier? Ist das richtig? Will ich das? Was soll ich jetzt tun? Und, und, und. Ich war den Tränen nah, und mir ging es total bescheiden.

Mir wurde so langsam, aber sicher klar, dass diese Ausbildung nicht einfach werden würde. Das hatte mir auch schon meine Großmutter vor dem Antritt mit auf den Weg gegeben: »Junge, Lehrjahre sind keine Herrenjahre.« Nicht wissend, dass mir diese Worte noch sehr oft in den Ohren liegen würden.

Es folgten Tage voller Sorgen, Tage voller Tränen und Ängste. Jeder Morgen startete mit einem Gefühl der Machtlosigkeit. Und abends ging es dann weinend in den Schlaf, mit der Angst vor dem Elf-Stunden-Arbeitstag unter Rivalen in der Küche, einem cholerischen Chef und einer harten Sechstagewoche.

Hier begann alles. Ich musste kämpfen, stark sein, selbstständig handeln und Entscheidungen treffen, und ich musste mich für den nächsten Tag motivieren und immer wieder auf ein Neues durchhalten.

Ja. Es gab Tage, an denen ich aufgeben wollte! Es waren sehr viele Tage in diesen drei Jahren meiner Berufsausbildung. Und dann war er wieder da, der Rat meiner Großmutter: »Halte durch, Junge, du brauchst eine abgeschlossene Ausbildung für deine Zukunft.«

Bereits damals zeichnete es sich ab. Dieses Buch!

Der Wille, etwas zu erreichen, der Wille, etwas zu Ende zu bringen, der Wille, erfolgreich zu sein. Erfolgreich sein ist eine Sache, doch nach einem Verlust oder einem schweren Schlag wieder aufzustehen, das verlangt uns alles ab. Kraft, Ehrgeiz, Ausdauer, Wille und Liebe, um einen Niederschlag wegzustecken, sind nur einige wichtige Punkte, die dazugehören. Bereits in dieser frühen Phase meines Lebens entstand der Titel dieses Buches. »Gas oder Bremse?« Mit der Antwort auf diese Frage entscheiden Sie sich für den Weg, den Sie in Ihrem Leben einschlagen.

Mein Tipp zur Anwendung ist immer gekennzeichnet mit:

»NA KLAR«

An diesem Kennzeichen sehen Sie schon beim Durchblättern auf einen Blick die Highlights und Tipps sowie Anregungen, die Sie für sich anwenden können.

NA KLAR:
Geben Sie Gas, denn auf der Bremse kommen Sie nicht vorwärts.
Ich möchte mit meinem Buch Anregungen, Kraft und Vorschläge geben, damit Sie auch erfolgreich sein können, sodass Sie mit Niederschlägen umgehen und den eisernen Willen für sich positiv nutzen können. Wie auch immer jeder Erfolg definiert, erfolgreich SEIN kann jeder. Jeder auf seine eigene Art und Weise.

Ich habe mir die Frage gestellt: Was genau kann ich tun, um Menschen dabei zu helfen?

Und da waren die Idee und der Wunsch, dieses Buch für Sie zu erarbeiten. Dieses Buch soll Sie in allen Situationen begleiten und ein nützlicher Ratgeber sein, wann immer Sie Unterstützung und Rat benötigen.

Denken Sie immer daran: Es ist nicht das Lied, sondern der Sänger, der erfolgreich ist.

Sie sind erfolgreich, wenn Sie es wirklich wollen!

Ein harter Weg

Bevor Sie jedoch tiefer in diese Lektüre eintauchen, möchte ich Ihnen vorher noch etwas nahelegen.

Viele Bücher verkaufen sich einfach nur gut, weil sie damit werben, dass es ein »leichter Weg« ist, das Ziel zu erreichen oder Erfolg zu haben. Titel wie zum Beispiel *10 Schritte zum Erfolg* etc.

Den absoluten, einfachen Weg, um erfolgreich zu werden, gibt es nicht. Das Erreichen Ihrer Ziele ist ein harter Weg. Er wird anstrengend und mühsam sein. Entsprechend werden Sie gefordert.

Dazu gehören Selbstdisziplin, Ehrgeiz und eine große Portion Konsequenz. Dies aufzubringen, ist alles andere als einfach!

Um eine starke Disziplin und einen enormen Ehrgeiz zu haben, ist es notwendig, etwas zu wollen. Wirklich zu wollen. Nicht wie: Ich will das neue Auto. Oder: Ich will dieses Jahr in den Urlaub fliegen. Nein, wollen wie: Ich will wieder gesund werden. Und das wollen Sie von ganzem Herzen.

Wenn Sie etwas wirklich wollen und bereit sind, dafür auch einen Preis zu bezahlen, dann werden Sie es sicher erreichen.

Egal wie Ihre Planung aussieht, Sie können nur dann etwas erreichen, wenn Sie es konsequent umsetzen. Dabei werden Sie Hindernisse überwinden müssen, Sie werden sich Auseinandersetzungen stellen müssen, Sie werden sich immer wieder selbst motivieren und anfeuern müssen.

Es geht im Prinzip darum, mit Ihrem Handeln eine Wirkung, ein Ergebnis zu erzielen. Durch Ihre Selbstsicherheit im Umgang mit dem »Wollen« werden Sie stärker und kommen Ihrem Ziel immer näher. Sie werden erkennen, dass das immer stärker werdende »Wollen« hilfreich für Ihre Argumentation und für Ihre Ergebnisse sein wird.

So werden Sie reifer und sicherer und gewinnen an Stärke auf dem Weg zu Ihrem Ziel.

Wer bin ich – Teil 1

Bevor wir die Punkte etwas genauer betrachten und Tipps, Ideen und Ratschläge sortieren, zuordnen und mit Maßnahmen starten, möchte ich Ihnen in einfachen Worten aufzeigen, wer Ingo Schönherr ist, damit Sie die Geschichten, Ratschläge und Tipps besser verstehen.

Hierzu nenne ich Meilensteine meines Lebens, Richtungen und Wendepunkte, Aufregendes und Frustrierendes. Was ist heute aus dem Koch von damals geworden? Warum hat er sich so entwickelt? Welche Höhen und Tiefen hat er durchlaufen?

Sie fragen sich jetzt vielleicht: Wozu muss ich das wissen? Was hat das mit mir zu tun? Ich bin der festen Überzeugung, dass die Person, die ich heute bin, durch diese Phasen geformt wurde und entstanden ist. Ich war nicht schon immer so! Nein, auf keinen Fall, das weiß ich sicher.

Eben genau diese Erkenntnis zeigte mir, dass man durch Ereignisse des Lebens eine gewisse Richtung und einen Weg zum Ziel bewusst oder gar teilweise unbewusst definieren oder steuern kann.

Ich schrieb eingangs kurz über den Start meiner Ausbildung und die damit verbundenen Probleme eines Jugendlichen. Ängste, neue Eindrücke und Veränderungen. Heute weiß ich, dass mich diese Zeit bereits verändert hat und ich damals mein Durchsetzungsvermögen und meine Hartnäckigkeit erlangte. Diese schwere Zeit prägte und veränderte mich. Von einem verspielten Jungen, der mit vierzehn Jahren aus der Schule kam, zu einem nachdenklichen, verängstigten Bub, der kämpfen musste. Das waren nicht allein die Aussagen der Großmutter »Lehrjahre sind keine Herrenjahre« oder die der Eltern »Du brauchst eine abgeschlossene Ausbildung«, nein, es waren die Situationen, die ich erleben durfte und musste. Jeder einzelne Tag war ein Kampf und eine Herausforderung. Weg von zu Hause, sechs Tage in einem Zimmer mit drei weiteren Kollegen. Ausgangszeiten bis 22:00 Uhr und keine Minute Zeit für sich selbst. Keine Intimsphäre, es sei denn, man hat sich in der Dusche für eine halbe Stunde eingeschlossen. Ich musste mich behaupten und durchsetzen. Fast wöchentlich gab es Situationen, bei denen mir Tränen in den Augen standen. Eines der zahlreichen unvergesslichen Ereignisse war eine heiße Fleischgabel meines Chefs auf meinem Unterarm. Die Narben davon trage ich noch heute. Auch unvergesslich ist eine Silberplatte mit heißem Fett im Ausschnitt meiner Kochjacke. Die Fettverbrennungen auf der Brust blieben Gott sei Dank nicht für immer. Aber nicht nur ich musste unter den Übergriffen des Chefs leiden, sondern auch meine Kollegen. Ein Beispiel war ein Faustschlag in den Magen bei einem anderen Ausbildungskollegen als er einen Fehler machte. Hier habe ich eingegriffen und mich lautstark vor meinen Kollegen gestellt und ihm somit weiteres Übel erspart. Drei Jahre, die es in sich hatten.

Mit dem Abschluss der Gesellenprüfung fiel mir der erste große Stein vom Herzen. Der Druck war auf einmal weg. Ich konnte durchatmen. Ich erinnere mich noch heute an diesen Tag vor über vierzig Jahren, als wäre er gestern gewesen.

Ja, ich hatte es geschafft, und ja, ich konnte nun alles erreichen, was ich wollte! Das war mein Gefühl, das ich nicht nur fühlte, sondern auch ausstrahlte.

Genau dieses Gefühl hatte ich in den nächsten vierzig Jahren immer und immer wieder. Dieses Gefühl macht dich stark. Es ist wie der Sprit für den Motor, der dich antreibt.

Jedoch wusste ich seinerzeit noch nicht wirklich, wie wichtig das für mich und für meine künftigen Ziele war. Das weiß ich erst heute.

Erst einmal aufgeatmet stand bereits eine neue Entscheidung an. Was nun? Was und wo möchte ich arbeiten? Wo sollte ich mich bewerben? Im Ausland eventuell? Den Gesellenbrief hatte ich also in der Tasche. Und nun? Arbeiten, Geld verdienen, Ziele verfolgen. Ziele? Was für ein Ziel? Erst einmal weg von allem hier. Weg von dem Ort der Lehrzeit, weg von zu Hause. So bot sich eine Gesellenstelle in einem fünfzig Kilometer entfernten Ort im Albtal an.

Eine Empfehlung meines Vaters, und schon hatte ich einen Job. Perfekt. Mit einem Zimmer in der Gaststätte, in der ich arbeitete. Eine eigene Wohnung? Daran war nicht zu denken. Finanziell nicht machbar. Schnell war klar, ich brauchte den Führerschein, damit ich flexibel war und die Welt beziehungsweise die Region kennenlernen konnte. Weg von meinen Lehrkameraden und Freunden aus meiner Heimat begann ich, in meiner »neuen Region« Fuß zu fassen.

Als Koch war das nicht so einfach, da die Arbeitszeiten alles andere als freizeitfreundlich waren. Aber ich bemerkte recht schnell, dass ich in der Kneipe, in der ich fast täglich nach Feierabend gegen 22:00 Uhr meinen Absacker trank, viele

Kontakte knüpfen konnte. So fand ich schnell neue Freunde, und das Leben in meiner Wahlheimat machte mir Spaß.

Nun begann ich, mir ernsthaft Gedanken über meine Zukunft zu machen und mir einen Weg für die kommenden Jahre zu planen.

Etwas Eigenes, selbstständig, einen eigenen Betrieb vielleicht? Ja. Diese Idee gefiel mir sehr. Doch zunächst musste ich noch den Wehrdienst absolvieren, und das so schnell wie möglich. Ich bemühte mich um eine schnelle Einberufung und konnte bereits nach zwei Monaten den Wehrdienst antreten. Jetzt hieß es, fünfzehn Monate durchhalten. Zum Grundwehrdienst musste ich in eine Kaserne in Hermeskeil einrücken. Circa zweihundert Kilometer weit weg von zu Hause. Der Klassiker war, dass ich als gelernter Koch als Sanitäter einberufen wurde. Nun, es gab auch Köche, die waren Kfz-Schlosser. Ich bin in der Tat kein Jammerlappen, aber welche harten Ausbildungstage vor mir lagen, konnte ich mir zu diesem Zeitpunkt überhaupt nicht vorstellen. Bei eisiger Kälte bis zur Hüfte durch den Morast waten und dabei noch eine Krankentrage über Kopf halten. Damit nicht genug, mussten wir mit der Trage und einem angeblichen Verletzten unter einer Autobahnbrücke in gebückter Haltung hindurch und danach zehn Meter die Böschung hinauf. Wöchentlich wurden wir bis zur Erschöpfung durch die Pampa gehetzt. Ein absolut unvergessliches Erlebnis war ein Zwanzig-Kilometer-Marsch in voller Sturmausrüstung bei eineinhalb Meter hohem Schnee. Marschieren in der Nacht und schlafen am Tag. Es war so kalt und nass, dass ich mir ein Loch in den Schnee grub, um darin mit meinem Esbit-Kocher meine nassen Socken zu trocknen. Mit dem Schnee und dem Kocher habe ich dann einen Kaffee zubereitet der nach Tannennadeln schmeckte. Aber er wärmte auf. Und so schlief ich dann in der Tat in meinem Schlafsack in der Schneehöhle ein. Eine harte, jedoch erfahrungsreiche Zeit, die ich im Nachhinein nicht missen möchte.

In der Zwischenzeit hatte ich die Fühler ausgestreckt nach einer Location, um mich selbstständig zu machen und ein Restaurant zu eröffnen. Auf der Suche danach sprach mich ein Bekannter meines Vaters an, ob ich Interesse an einer Beteiligung hätte. Er wollte ein Restaurant mit einem Flammkuchenofen eröffnen und war auf der Suche nach einem Koch, mit dem er gemeinsam das Geschäft betreiben konnte.

Perfekt. Die Idee war klasse, die Lage ideal und die finanziellen Aussichten passend. Ich kam meinem Ziel etwas näher.

Die Planungs- und Eröffnungsphase dauerte knapp vier Monate, und wir hatten alle Hände voll zu tun, um pünktlich zu unserem geplanten Termin fertig zu werden.

Meine erste eigene Firma. Ehrlich gesagt nicht wirklich. Denn das Gewerbe lief auf meinen Bekannten, der auch die finanziellen Mittel zur Verfügung stellte. Ich war Koch und gleichzeitig Teilhaber.

Voll engagiert und motiviert richteten wir unser kleines Restaurant ein. Es wurde ein großer Pizzaofen im Lokal gemauert und drumherum mein Arbeitsbereich.

Die Eröffnung war ein voller Erfolg. Mit der Zeit besuchten uns immer mehr Kunden auf einen hausgemachten Flammkuchen aus dem Steinofen Das Lokal lief, und wir konnten uns nicht beklagen.

Was mir überhaupt nicht gefiel, war, dass ich immer dann Freizeit hatte, wenn meine Freunde und Kollegen arbeiteten. Ich war zwar nachts auf Tour durch die Discos, doch tagsüber und an meinem arbeitsfreien Tag war ich allein. Das beschäftigte mich immer mehr. Ich wollte kein Nachtmensch sein. So geschah es, dass öfter einige meiner Freunde während ihrer Motorradtour in unserem Restaurant auftauchten, um mich zu sehen und etwas zu essen und zu trinken. Danach verabschiedeten sie sich und fuhren ihre Bike-Tour zu Ende, und ich war wieder allein in meinem Restaurant. Es dauerte nicht lange, und ich stellte meinen aktuellen Job infrage.

Hinzu kam, dass ich eine junge Frau kennenlernte, für die ich mich sehr interessierte. Das war dann auch der Auslöser für meine Entscheidung: Ich möchte das nicht mehr machen, und ich möchte einfach mehr Freizeit. Innerhalb von drei Monaten fand ich einen passenden Nachfolger für mich als Koch im Restaurant. Es begann ein neuer Lebensabschnitt. Mehr dazu in »Wer bin ich Teil 2«.

Jetzt sofort

Wer kennt das nicht? Es taucht ein Problem auf, und wir wollen es im nächsten Moment lösen. Das Mache-ich-gleich-Syndrom.

Daran ist zunächst nichts zu bemängeln. Nur sollten Sie vor dem Handeln besser erst nachdenken, oder?

Aber was ist an der Aktivität jetzt falsch? Vermutlich nehmen wir die erstbeste Idee, die uns richtig erscheint, und machen uns an die Arbeit. Voller Zuversicht, da es sich gut anfühlt, sofort etwas zu tun und aktiv zu werden. Denn es ist heutzutage allgemein üblich, dass man schnelle Lösungen erwartet. Sie fühlen sich in der Zeit, in der Sie nichts tun, unwohl.

Es ist klar, dass es wesentlich länger dauert, sich erst einen Plan zu machen und dann zu handeln. Doch meist stellt sich die schnelle Lösung als falsche Entscheidung heraus, man manövriert sich noch tiefer in eine schwierige Situation, und es dauert noch länger, um diese halbwegs akzeptabel zu lösen. Seien Sie besonnen und ruhig. Nehmen Sie sich Zeit für eine Lösung. Besprechen Sie dies mit der Ehefrau/dem Ehemann, der Freundin oder dem Freund oder auch mit dem Arbeitskollegen, und holen Sie sich Meinungen ein, bevor Sie durchstarten.

Ich hatte sehr viele solcher Momente und Situationen in meinem Leben, bei denen ich schnell handelte, absolut motiviert an die Sache heranging und danach kläglich scheiterte mit dem Ergebnis. Wieder etwas dazugelernt. Klingt erst einmal logisch, war es für mich jedoch zunächst überhaupt nicht. Warum? Weil ich bis zu diesem Zeitpunkt voller Tatendrang war. Ich war äußerst motiviert, und ich hatte bisher kein Buch gelesen, keinen Mentor gehabt und viel zu wenig Lebenserfahrung sammeln können. Also tat ich das, was ich für richtig hielt. Ich startete durch! Ich habe GAS gegeben. In Kurzform: Ich schoss über das Ziel hinaus oder übersah die Ampel und fuhr bei Rot darüber, was im Nachhinein, wie jeder weiß, teuer werden kann.

Ein kurzes Beispiel dazu:

Als ich eines Tages im Internet auf der Suche nach einem erholsamen Urlaubsort war und ich nicht gleich auf Anhieb etwas Passendes gefunden hatte, fing ich an zu überlegen, woran das denn liegen könnte.

Ich kam schnell zu der Auffassung, dass es die dafür notwendigen Internetseiten zum damaligen Zeitpunkt – es war so um 1998 – einfach noch nicht gab. Reiseführer und -portale, wie man Sie heute kennt, waren damals noch nicht vorhanden. Also habe ich das sofort in Angriff genommen. Ich habe mehrere Internetdomain-Namen registriert und mit dem Designentwurf angefangen. Der passende Name – »ErlebnisTipp.de« – war schnell gefunden, und ein Freund von mir bastelte rasch eine vernünftige, für damalige Verhältnisse moderne Website

Ziel war es, dass der Suchende alles eingibt, was er wo und wann unternehmen möchte, und die Suchmaschine schlägt ihm die passenden Urlaubsorte und Locations vor.

Parallel dazu bemühte ich mich um ein Konzept, wie das Ganze finanziert werden sollte. Auch das passte recht schnell, und ich begann mit der Suche nach freien Vertriebsmitarbeitern, die sich auf den Weg machten, geeignete Hotels, Restaurants und Locations zu besuchen, um diese von meinem Konzept zu überzeugen und auch dafür zu bezahlen.

Alles erschien einfach. Es funktionierte. Wir fanden zahlende Kunden und planten bereits eine Vorgehensweise über die Grenzen Deutschlands hinaus. Es wurden Verträge geschlossen, und es flossen die ersten Gelder und Provisionen für die Mitarbeiter.

Bis dahin war alles durchdacht. Doch die ersten Probleme ließen nicht lange auf sich warten.

Da ich bereits einen Job hatte und Fulltime am Arbeiten war, war auch meine freie Zeit für die neue Idee nur begrenzt vorhanden. Ich arbeitete daran also nachts und am Wochenende. Das Nächste waren die Kunden, die gewonnen wurden. Diese wollten natürlich irgendwann Buchungsergebnisse sehen. Woher denn? Wir hatten ja bisher erst circa zwanzig Gastronomiebetriebe unter Vertrag.

Wir waren zwar bereits online und bemühten uns um weitere inserierende Kunden, doch mit einer Plattform, die nur zwanzig Locations im Bestand hatte, konnten wir wohl kaum Nutzer für die Seite begeistern. Also suchten wir krampfhaft nach einer Möglichkeit, um schnell viele Adressen von Restaurants und Hotels in unsere Datenbank zu bringen. Zudem waren unsere Außendienstmitarbeiter ebenso nur Neben- und Freiberufliche, deren Zeit begrenzt war. Da von allen Seiten nun zu wenig Input kam, wurden langsam, aber sicher alle Beteiligten ungeduldig und teilweise auch verärgert.

Ich war an einem Punkt angekommen, an dem ich es für besser hielt, das Ganze zu beenden.

Heute stellt es mir die Haare auf, wenn ich daran denke.

Was für ein Riesenerfolg hätte das werden können! Sieht man doch heutzutage die ganzen Plattformen der Urlaubsbranche.

Was war passiert?

Das Mache-ich-gleich-Syndrom. Voll motiviert, ohne Plan. Hätte ich mir vorher ein paar mehr Gedanken gemacht, mir einen Plan zurechtgelegt und mehr Zeit gelassen, wäre das vielleicht ganz anders und erfolgreicher verlaufen. Ich bin mir dessen absolut sicher, denn das war nicht das einzige Mal, dass eines meiner Projekte an diesem Syndrom scheiterte.

Planen Sie! Das gilt für den privaten als auch für den beruflichen Bereich. Ich kenne Menschen, die davon ausgehen, dass alles normal läuft, wenn man erst einmal in einem ruhigen Fahrwasser ist. Wenn Sie es sich einigermaßen bequem gemacht haben und sich sonst nichts zuschulden kommen lassen, werden Sie auch noch in fünf oder zehn Jahren im selben Unternehmen Ihren Job verrichten.

Was passiert? Sie bleiben auf einem Stand stehen. Alles um Sie herum verändert sich ständig. Berufe verändern sich, es wird neue Berufe geben mit anderen Ansprüchen. Deshalb ist es umso wichtiger, sich selbst zu fragen: Was muss ich tun, um in meinem Job weiterhin gut sein zu können? Was muss ich tun, um in ein paar Jahren noch benötigt zu werden und nicht überflüssig zu sein?

Machen Sie sich immer wieder Gedanken über Ihre Zukunft und stellen Sie die Weichen rechtzeitig. Antworten Sie überlegt und denken Sie nach. Eine schnelle Antwort ist nicht unbedingt die beste.

Daran arbeite ich bis heute, und es ist nicht einfach. Arbeiten auch Sie kontinuierlich daran, ruhig und überlegt zu handeln. Es zahlt sich aus in jeder Hinsicht. Ob im privaten oder im geschäftlichen Umfeld ist das Mache-ich-gleich-Syndrom nicht die beste Wahl.

Wie wir soeben erfahren haben, ist alles mit Ruhe, Besonnenheit, Planung und Konsequenz am besten zu bewältigen.

Was ist jedoch, wenn das alles nicht möglich ist? Wenn etwas geschieht, was wir nicht vorhersehen konnten? Was eben nicht planbar war und es uns einfach kalt erwischt? Zum Beispiel eine schwere Krankheit, Schicksalsschläge, Lebenskrisen? Wenn etwas eintritt, was wir eben nicht mal so mit Ruhe und Bedacht angehen können – was ist dann?

Umsetzung erfordert Energie

Wenn Sie etwas anpacken, Dinge verändern oder Neues kreieren wollen, benötigen Sie die entsprechende Energie dazu.

Haben Sie diese Energie? Jeden Tag? Zur Genüge?

Es wird Zeiten geben, in denen Sie möglicherweise nicht genügend Energie haben, um an Ihrem Projekt erfolgreich weiterzuarbeiten oder Ihre Planung voranzutreiben. An manchen Tagen fühlt man sich eben schlapp, leer, müde, und es will einfach nichts gelingen.

Wo ist die Energie hin? Wo habe ich meine Kraft eingesetzt oder verbraucht?

Wenn Sie auf Ihre Ernährung schauen und etwas Sport treiben, sorgen Sie dafür, dass Ihr Körper dadurch einen deutlich größeren Energievorrat erzeugt. Ernähren Sie sich jedoch ungesund, ziehen sich einen Burger nach dem anderen rein und liegen anschließend auf der Couch, anstatt Ihre Beine beim Joggen zu vertreten, dann ist klar, dass Ihr Reservoir deutlich geringer ist, oder?

Achten Sie auf eine ausgewogene Ernährung und bewegen Sie sich. Treiben Sie etwas Sport. Das stärkt Sie bis ins hohe Alter.

Der nächste Energiekiller ist Ihr persönliches Auftreten beziehungsweise Ihr Verhalten. Wenn Sie sich selbstbewusst durch das Leben bewegen, sich Ihrer Sache sicher sind, steigert das Ihr Selbstwertgefühl, und der Energieverbrauch ist gering. Was jedoch, wenn Sie sich hängen lassen? Gestresst oder gerädert sind? Ihre Motivation sinkt, und Ihr Selbstwertgefühl geht in die Knie.

Was, denken Sie, macht das mit unserer Energie? Korrekt! Wir sind kaputt!

Weitere Energiefresser sind neben Routineaufgaben kreative Arbeiten und Aktivitäten wie Lesen, Schreiben, Lernen, Rechnen etc.

Wie setzen wir unsere Energie am besten ein?

Sie brauchen nicht mehr Energie, sondern die, die Sie haben, sollten Sie gezielt einsetzen. Konzentrieren Sie Ihre Energie gebündelt auf den Bereich, in dem Sie sie benötigen.

Werden Sie einfach der Beste auf dem Gebiet, das Ihnen am meisten liegt, und richten Sie Ihre Energie genau auf diesen Bereich.

Werden Sie der Beste in Ihrer Abteilung, oder werden Sie der Beste beim Golf. Werden Sie der beste Verkäufer oder die beste Ärztin in Ihrer Gegend.

Seien Sie nicht Mittelmaß. Denken Sie nach, in welchem Bereich Sie der oder die

Beste sein wollen. Starten Sie damit sofort! Und ja, es kann dabei einiges schiefgehen oder länger dauern als gedacht. Das ist aber normal, und das wird Sie stärken, wenn Sie genau da weitermachen und sich nicht geschlagen geben. Hauen Sie rein! Geben Sie GAS! Warnen möchte ich an dieser Stelle nur davor, abzuheben. Bleiben Sie auf dem Boden. Versuchen Sie, nicht über das Ziel hinauszuschießen. Machen Sie einen Schritt nach dem anderen. Sie werden es schaffen und dann selbstbewusster durchs Leben gehen.

Gezielt und überlegt

Die Kunst des erfolgreichen Weges zum Ziel ist meiner Meinung nach, sich zu organisieren, zu überlegen und sein Handeln bewusst zu steuern.
Was meine ich damit?
Wir haben täglich unzählige Entscheidungen zu treffen. Was mache ich? Was mache ich nicht oder später? Sie müssen sich auf die für Sie wesentlichen Punkte besinnen und diese auswählen. Sie treffen täglich die Entscheidung, was Sie tun oder nicht tun. Der wichtigste Punkt dabei ist die Entscheidung über die Dinge, die Sie nicht tun. Mit der Mehrzahl der Dinge, die Sie nicht tun, erhöht sich die Zeit und die Fixierung auf die Dinge, die Sie tun wollen. Sie wählen bewusst aus und priorisieren täglich nicht nach A, B oder C, sondern nach Ja oder Nein. Lernen Sie, »NEIN« zu sagen. Sprechen Sie das NEIN bewusst aus, und setzen Sie Ihre gebündelte Kraft für die wichtigen Dinge ein.

Kapitel 2 – Tipps zur Anwendung

Meine Anregungen sollen Ihnen den Weg zum Erfolg beschreiben und Ihnen in einfachen Schritten eine Stütze und ein Wegweiser zu Ihren künftigen Zielen sein.

Sie werden in diesem Buch kein hundertprozentiges Erfolgsrezept finden. Ich verspreche Ihnen keine Wunder oder Unerreichbares. Durch viele persönliche Erfahrungen in meinem Leben, dessen Höhen und Tiefen ich durchlaufen habe, kann ich Sie auf Ihrem Weg mit Tipps und Hinweisen unterstützen und Ihnen eine Hilfestellung geben.

Zur Umsetzung können Sie sich nun die Ihnen wichtig erscheinenden Tipps aufschreiben oder merken und direkt realisieren.

Nun, es wäre schön, wenn das alles wäre. Es ist jedoch leider nicht ganz so einfach. Denn wenn das alles wäre, dann bräuchte es ja kein ganzes Buch darüber zu geben, oder? Es würde ein kleines Heft mit einigen schlauen Infos und Bemerkungen sowie einfachen Tipps ausreichen.

In diesem Buch jedoch gibt es Anker und Stützen, die das Umsetzen etwas vereinfachen. Eine wichtige Hilfe für das Umsetzen einiger Regeln in diesem Buch nenne ich die »TOP FÜNF«.

DIE TOP FÜNF

1. WOLLEN

Das Thema »Wollen« habe ich ja bereits kurz angesprochen. Um in kürzester Zeit Erfolge für sich zu verbuchen, ist es elementar und entscheidend in Ihrer Zukunft, dass Sie es wirklich wollen. Dass Sie fest entschlossen sind, Erfolge zu erlangen.

Um etwas von Herzen zu wollen, gehört nicht nur der Wunsch dazu, dies zu tun, sondern auch eine innere Stimme, die das Vorhaben immer wieder bestätigt. Sie gibt Kraft für die Umsetzung und die Bestätigung, jeden Tag aufs Neue alles dafür zu tun und es richtig zu machen. Diese innere Stimme ist eine wichtige Stütze auf dem Weg zu Ihrem Ziel. Sie werden das vielleicht im Moment für Nonsens halten, doch bin ich mir relativ sicher, dass Sie irgendwann bei der Umsetzung an meine Worte denken werden.

Wie kann ich etwas richtig wollen? Diese Frage ist durchaus berechtigt und auch nicht einfach zu beantworten. Aber ich werde einen Versuch starten.

Das neue Jahr hat gerade erst begonnen, und Sie sind damit beschäftigt, neue Meetings zu koordinieren, Teams zusammenzustellen und Pläne zu schmieden. Doch mit den Zielen ist das nicht immer so einfach. Sehr oft sagen wir, dass wir etwas wollen, um dann festzustellen, dass wir nicht wissen, wie wir es bekommen können. Oder es stellt sich heraus, dass wir absolut keine Chance haben. Wir fragen uns dann, warum das so ist. Das Ergebnis ist in beiden Fällen dasselbe: Wir erreichen das Ziel nicht. Ich bin der Meinung, dass die Antwort auf die Frage »Warum bekomme ich nicht, was ich will?« viel weiter im Ursprung liegt – quasi direkt am Anfang. Nehmen wir einmal an, Sie suchen einen neuen Job oder Sie wollen aufsteigen und befördert werden. Wie gehen Sie vor? Sie sagen sich: »Das ist mein Wunsch und mein Ziel.« Was, wenn Sie mit Ihren Zielen auf der Strecke bleiben? Anstatt sich zu fragen, warum Sie den neuen Job nicht bekommen, könnte die Frage auch lauten: »Warum will ich diesen neuen Job? Warum will ich befördert werden?« Oder Sie stellen fest, Sie haben eine Sehnsucht nach Wachstum, Karriere und Sinn in Ihrem Tun. Wenn Sie darüber nachdenken, bemerken Sie vielleicht dass es überhaupt kein neuer Job sein muss, sondern es andere Möglichkeiten gibt, die wir vor lauter Sucht, das Ziel unbedingt erreichen zu müssen, gar nicht durchleuchtet haben. Erfolg wird sich dann einstellen, wenn wir das machen, was uns Freude bereitet. Wenn wir mit Begeisterung bei der Sache sind.

Doch da ist er wieder – der innere Schweinehund, der uns sagt: Aber der Weg ist schwer. Erfolg zu haben, ist nicht einfach! Ja, wenn Sie sich das so einreden, bestimmt! Nehmen wir einmal an, Sie wollen Bungee-Jumping ausprobieren und von einer Brücke springen. Sie gehen hoch, machen sich bereit, ziehen alles an, lassen sich sichern und ... Sie springen nicht. Sie bemühen sich, denn Sie wollen unbedingt springen. Aber Sie springen nicht. Das könnte über Wochen und Monate so gehen, egal wie häufig Sie einen neuen Start wagen. Egal wie viele Trainingsstunden Sie dafür aufwenden, es bleibt immer wieder eine stressige, nervenaufreibende Aktion, solange Sie nicht springen. Vielleicht sind wir dann wieder bei der bereits am Anfang gestellten Frage: Warum wollen Sie überhaupt springen? Haben Sie darüber gelesen? Wollen Sie es einmal selbst testen? Haben Sie davon gehört, wie super das sein soll, und wollen auch erfahren, wie das Gefühl ist? Einfach, um den Schweinehund zu besiegen? Klar ist doch aber immer eines: Es geschieht nur etwas, wenn wir es wollen und auch tun! Sprich, wenn wir springen. Erst dann kann man eine Veränderung spüren.

2. AUSDAUER

Es kann viele Gründe haben, dass Sie dieses Buch lesen. Vielleicht sind Sie eine Leseratte und fanden nur den Titel toll? Oder aber Sie WOLLEN unbedingt auch einmal zu den Gewinnern gehören und erfolgreich sein bei dem, was Sie tun?

Wenn Letzteres der Fall ist, sollten Sie die Seiten dieses Buches nicht verschlingen, sondern in sich aufnehmen! Jedes Kapitel bewusst lesen, um sich damit identifizieren zu können. Nicht alles ist auf jeden zugeschnitten. Aber das, was für Sie wie die Faust aufs Auge passt, sollten Sie mehrmals lesen und ein paar Minuten darüber nachdenken. Auch gerne mal ein paar Tage. Markieren Sie sich Sätze oder Wörter, die Ihnen gefallen oder hilfreich erscheinen. Beim späteren Durchblättern stechen diese Punkte hervor, und Sie prägen sich diese automatisch besser ein.

Wie beim Lesen und Markieren der Sätze in diesem Buch verhält es sich auch bei allen anderen Dingen, die Sie sich vornehmen und umsetzen wollen. Und das Wichtigste dabei ist? Dass Sie ausdauernd genug sind. Ausdauer ist bei allem, was Sie tun, von größter Bedeutung. Vergleichbar mit einem Sportler, der auf dem Weg zu seinem Erfolg immer und immer wieder seine Übungen macht und hierzu Ausdauer benötigt, die Ihm die Kraft gibt und ihn weiter antreibt.

Teilen Sie sich Ihre Kräfte ein. Versuchen Sie, mit Bedacht in einem gleichmäßigen Tempo Ihre Richtung zu gehen, und kommen Sie so in Ruhe Ihrem Ziel näher. Denken Sie immer daran, dass das Ziel zu erreichen, auch Freude machen soll und kein Kampf ist, der Ihnen den Spaß an der Arbeit nimmt. Finden Sie für sich Ihre eigene Arbeitsweise, um an Ihr Ziel zu gelangen.

3. EHRGEIZ

Viele meiner Freunde und Bekannten haben mich schon gefragt, wie ich es schaffe, so ehrgeizig und immer motiviert zu sein. In der Arbeit, privat oder beim Sport. Ehrlich gesagt weiß ich es nicht. Ich bin eben so. Ich habe das weder trainiert noch gelernt. Sind Sie ehrgeizig? Können Sie sich selbst motivieren? Wenn nicht, geben Sie nicht auf, es zu versuchen. Immer und immer wieder. Irgendwann werden Sie es einfach sein. Denn auch hierbei zahlt sich Ihre voran näher beschriebene Ausdauer früher oder später aus. Ich möchte Ihnen ein paar Tipps mit auf den Weg geben, wie Sie Ihre kleinen oder großen Ziele verfolgen können.

Ist denn Ehrgeiz nicht dasselbe wie »Wollen«? Meiner Meinung nach nicht wirklich. Ich würde sagen, wenn Sie etwas wollen und daran hart arbeiten und immer und immer wieder durch Rückschläge gebeutelt von vorne beginnen und sich dennoch nicht beirren lassen, um an die angedachte Aufgabe zu gelangen, dann sind Sie ehrgeizig. Sie wollen etwas und haben das Bestreben, das Gewollte unbedingt zu erreichen. Diesen Zustand bezeichne ich als Ehrgeiz.

Sind Sie ehrgeizig? Finden Sie es heraus oder denken Sie an vergangene Situationen und beantworten Sie sich die Frage selbst. Können Sie diese mit einem Ja beantworten, so können Sie eine Tugend Ihr Eigen nennen, die sehr wertvoll in der Umsetzung Ihrer Aufgaben ist, die Sie letztendlich zum Ziel führen. Ehrgeizig zu sein, hilft in vielen Bereichen des Lebens.

Wenn Sie der Meinung sind, nicht ehrgeizig zu sein, dann können Sie es werden! Wie? Das kann ich Ihnen einfach erklären. Ihr Ehrgeiz entwickelt sich automatisch. Sie werden sich selbst auf die Schulter klopfen und irgendwann sagen: »Der Schönherr hatte recht in seinem Buch!« Probieren Sie es und urteilen Sie danach selbst.

Sport kräftigt das Ganze. Sport stärkt nicht nur die Muskeln, sondern auch das Gehirn und lässt die Motivation, das Selbstbewusstsein und das Durchhaltevermögen wachsen. Wer regelmäßig Sport treibt kann das sicher bestätigen. Mir persönlich hilft Sport sehr. Auch wenn ich nur zweimal die Woche wenige Minuten trainiere, fühle ich mich danach sehr wohl in meiner Haut. Ich habe mehr Luft und Energie, um Dinge zu erreichen, und mental fühle ich mich stark.

Ja, ich weiß, das haben Sie schon mehrmals gelesen und gehört. Das predigt jeder. Aber Sie haben einfach keine Zeit dazu. Ja, diese Antwort gab ich mir früher auch immer wieder. Wann soll ich das eigentlich machen? Ich arbeite jeden Tag sehr lange und bin dann müde, wenn ich nach Hause komme.

Und was ist mit morgens vor der Arbeit? Sie werden sagen: »Oh nein, das schaffe ich zeitlich nicht«, oder: »Ich komme sowieso schwer raus morgens«, oder aber Sie müssen noch einige andere Dinge vor der Arbeit erledigen.

Machen Sie es einfach mal. Morgens nach dem Aufstehen direkt die Laufschuhe an und fünfzehn Minuten joggen. Oder wenn Laufen nicht Ihr Ding ist, dann legen Sie sich auf den Boden und machen einfach ein paar Liegestütze und Sit-ups. Oder aber Sie nehmen die Hanteln in die Hand oder setzen sich aufs Trainingsrad. Na klar ist alles anstrengend. Und das wird am nächsten Morgen noch nicht besser. Aber ich verspreche Ihnen, dass Sie bereits am zweiten oder dritten Tag eine Veränderung wahrnehmen werden. Und sei es zuerst einmal nur der Muskelkater. Fakt ist, Ihr Körper reagiert auf diese neuen Bewegungen, und das spürt Ihr Kopf und demnach Ihr Bewusstsein. Ja, Sie spüren eine Veränderung, die, wenn Sie weiter anhält, immer heftiger wird. Diese positive Veränderung setzt enorme Kräfte frei. So werden Sie nicht nur körperlich fitter, sondern Ihr Geist wird angeregt. Das Selbstbewusstsein steigt, und die Motivation wird täglich größer. Probieren Sie es aus. Ich verspreche Ihnen, wenn Sie auf Ihren Körper hören, wird es Ihnen Ihr Geist danken. Und das Wichtigste dabei ist, Sie müssen nicht drei- bis viermal die Woche in ein Fitnessstudio rennen und dort viel Zeit mit dem Training verbringen. Zeit, die Sie für Ihren Plan auf dem Weg zu Ihrem Erfolg viel besser gebrauchen können.

4. GLAUBEN

›Der Glaube versetzt Berge!‹ Diese Redewendung kennen wir alle. Doch glauben wir alle wirklich? Woran glauben wir? Ich bin der Meinung, dass es letztendlich keine Rolle spielt, ob man ein gläubiger Mensch ist oder nicht, um an etwas glauben zu können. Denn es gibt viele verschiedene Arten von »Glauben«. Zum Beispiel der Glaube an eine Religion, der Glaube an eine Sache oder der Glaube an sich selbst. Wichtig jedoch ist, an etwas zu glauben. Der Glaube kann Sie in eine Sache so sehr hineinversetzen, dass Sie dadurch ein Vielfaches an Kraft erbringen, von der Sie niemals gedacht hätten, dass Sie sie besitzen. Glauben Sie vor allem an sich selbst! Sie selbst entscheiden über alle Dinge Ihres Lebens, Sie selbst vollbringen gute Taten, Sie selbst erreichen Ihre gesetzten Ziele. Glauben Sie einfach jetzt einmal mir, wenn ich Ihnen sage, Sie können vieles schaffen, wenn Sie die TOP FÜNF in Ihre Vorhaben einbauen.

Zu dem Thema »Glauben« gibt es unzählige Tipps und Geschichten, mit denen viele Bücher gefüllt wurden. Ich fasse mich an dieser Stelle kurz und sage einfach nur:

NA KLAR:

Glauben Sie an sich und Ihr Vorhaben!

5. TUN

›Wer etwas erreichen will, der findet einen Weg, wer etwas nicht will, findet Gründe dafür!‹ Ich kann nicht sagen, von wem dieser Spruch stammt, jedoch habe ich ihn bereits von meiner Großmutter gehört. Und ich muss sagen, es stimmt.

Natürlich kommt nichts, ohne vorher etwas dafür getan zu haben. Außer vielleicht der Regen oder der Schnee oder auch irgendwann ein Brief vom Finanzamt oder die Stromabrechnung. Aber für Dinge, die Sie selbst anstreben und erreichen möchten in Ihrem Leben, müssen Sie etwas tun! Sie können sich (zumindest heute noch nicht) nicht in Ihr Auto setzen, und es fährt Sie ohne Ihr Zutun von A nach B. Sie können auch nicht die Bratpfanne auf den Herd stellen und warten, bis das Steak fertig ist, denn dazu müssen sie vorher etwas tun. Sie müssen das Fleisch aus dem Kühlschrank nehmen und auf Zimmertemperatur bringen, währenddessen bereiten Sie die Bratpfanne vor, indem Sie das Öl hineingeben und die Pfanne auf die richtige Temperatur erhitzen. Je nachdem welches Fleisch Sie zubereiten wollen, sollten Sie es vorher noch würzen oder einlegen. Dann können Sie erst Ihr Steak braten.

Das TUN, das ich meine, hat die gleiche Bedeutung, jedoch mit mehr Tiefenwirkung. Ich meine, dass Sie, egal was auch immer Sie für ein Ziel haben, dieses nur dann erreichen können, wenn Sie dafür etwas tun, was Sie von Herzen wollen. Der wohl bekannteste Spruch, den wir hierfür kennen, ist: ›Packen wir's an!‹ Wenn wir es liegen lassen, passiert eben nichts. Denn ein anderer wird Ihre Ziele für Sie wohl kaum erreichen. TUN Sie es einfach. Jetzt.

Tun Sie es mit Begeisterung und mit Ihrem Willen, erfolgreich damit zu sein. Egal was Sie tun, wenn Sie es so angehen, wird Ihr Vorhaben sicherlich erfolgreich sein. Worauf warten Sie denn noch?

Probleme lösen, Routine hilft!

Wer kennt das nicht, die täglichen Probleme im Alltag? Es beginnt oft bereits morgens vor der Arbeit. Den Wecker nicht gehört, im Bad die Zeit vertrödelt, nicht die richtigen Klamotten gefunden, die Haare liegen nicht, der Kaffee ist alle, das Auto springt nicht an, der Bus hat Verspätung oder das Wetter ist einfach furchtbar. Sind das alles Probleme? Wie nehmen wir diese Situationen wahr?

In der Regel haben wir an solchen Tagen schlechte Laune. In der Firma wird man angesprochen, welche Probleme man hätte, am Telefon fragt der Kunde nach meinem Wohlbefinden, da ich mich heute anders anhöre als gestern. Fakt ist, es ist nicht unbedingt vorteilhaft, so einen Tag zu beginnen. Jedoch lässt sich das nicht immer vermeiden. Nicht jeder Tag ist toll, wunderschön, heiter, freudig, lustig und angenehm. Was tun wir gegen diesen Zustand? Nun, es gibt mehrere Möglichkeiten, damit umzugehen. Die erste wäre, wir tun überhaupt nichts und haben eben an diesem Tag schlechte Laune. Oder wir versuchen, etwas zu ändern, um aus diesem schlechten Start einen angenehmen, wundervollen und schönen Tag zu machen. Diese Entscheidung trifft natürlich jeder für sich selbst. Mit etwas Routine kann man dies aber relativ einfach angehen, ohne großen Aufwand. Denn meine persönliche Meinung ist, wer bereits die alltäglichen Problemchen nicht anpacken und lösen kann, der wird es schwer haben, sich mit den richtigen Problemen des Lebens auseinanderzusetzen. Wie gehe ich mit Sorgen um? Wie helfe ich mir bei finanziellen Engpässen? Bei Problemen mit Freunden und Partnern? Bei unliebsamen Situationen auf der Arbeit? Wie gehe ich mit schweren Niederlagen und Krankheiten um? All diese und viele weitere Probleme können auf dieselbe

Art und Weise gelindert, verbessert oder gar behoben werden. Das ist meine persönliche Meinung und Erfahrung im Umgang mit Niederschlägen. Mein Ratschlag:

NA KLAR:

Problem erkennen, Notizen machen und die Vorgehensweise in kleinen Schritten planen. Ein erreichbares Ziel festlegen. Und auf dem Weg dorthin tägliche Routine und Kontrolle.

Ergebnis: positive Veränderung!

Das alles, denken Sie, ist natürlich leichter gesagt als getan. Ja, das stimmt. Aber einmal richtig damit begonnen und konsequent umgesetzt wird aus Routine zwangsläufig ein positives Ergebnis. Nicht immer werden gesetzte Ziele erreicht, das wäre ja super einfach. Doch Teilerfolge und kleine Schritte sind einfacher zu handhaben als große, unerreichbare Ziele.

Daher ist die Vorgehensweise, die Analyse und die Zielsetzung aus meiner Sicht ebenso wichtig wie die Umsetzung selbst. Durch ständige Wiederholung werden Verhaltensweisen irgendwann zur Routine.

Ich hatte von folgender Studie des University College in London gehört: Wie lange kann es dauern, bis etwas zur Routine wird? Dieser Frage sind britische Forscher auf den Grund gegangen.

Ihre Antwort: im Schnitt 66 Tage.

96 Studenten mit einem Durchschnittsalter von 27 Jahren wurde eine Aufgabe gestellt. Sie sollten sich eine gesunde Routine aneignen und dieser an 84 Tagen hintereinander mindestens einmal täglich nachgehen.

Manche entschieden sich für einen kurzen Spaziergang vor dem Abendessen, einige wollten immer mittags Obst essen, andere nahmen sich vor, jeden Tag Sport zu treiben.

Sie sollten auf einer Internetseite die Fortschritte täglich notieren und festhalten, ob sie der neuen Angewohnheit schon folgen.

In der Tat haben 82 Teilnehmer bis zum Ende durchgehalten.

Beim Auswerten der Ergebnisse wurde festgestellt, dass es im Schnitt 66 Tage dauerte, bis die Teilnehmer die neue Aufgabe automatisch durchführten.

Dabei hat ein Tag Pause die Teilnehmer nicht entscheidend zurückgeworfen. Nahmen sie sich jedoch öfter eine Auszeit, so wirkte sich das in der Tat negativ auf den Automatismus aus.

Also da ist wieder das Ziel. Konsequent und kontinuierlich darauf hinarbeiten, stetig etwas tun und nicht zeitweise und mit Pausen. Denn das funktioniert hundertprozentig nicht.

Wer bin ich – Teil 2

Konsequent und kontinuierlich. Das passt auch zu meinem weiteren Lebenslauf.

Als Koch aufgegeben, mit dem Ziel, mehr Freiheit und Privatleben zu haben, war der Weg zunächst unspektakulär. Erst einmal war mein Etappenziel: ein Job mit geregelten Arbeitszeiten! Ja, stimmt. Mehr nicht. »Kleine Ziele« sind eben schneller zu erreichen.

So vermittelte mich der Vater meiner Freundin, für die ich meinen Job als Koch aufgegeben hatte, an einen ansässigen Betrieb eines Autoradioherstellers.

Glücklich, überhaupt einen Job dort erhalten zu haben, begann ich als Staplerfahrer. Da Staplerfahrer nicht unbedingt mein Traumziel war, gehörte mein Interesse schnell der Technik. In diesem Fall den Autoradios und dem im Sortiment enthaltenen Zubehör. Es dauerte nicht lange, bis ich alle im Lager geführten Autoradios nach Typ und Modell auswendig kannte. Es ging soweit, dass ich nicht nur den passenden Lagerplatz wusste, sondern auch, welches Modell für welches Fahrzeug und für welches Land eingesetzt werden konnte. Nach drei Jahren kannte ich nicht nur die Autoradios, sondern auch das komplette Zubehör wie Lautsprecher, Kabel und Halterungen.

Zunächst ging mein Plan perfekt auf.

Freizeit und Spaß miteinander zu verbinden, wirkte sich auch gleich positiv auf mich und meine Freundin aus. Unser erstes gemeinsames Kind war im Anmarsch, und wir hatten in diesem Jahr noch geheiratet. Beruflich wurde durch meinen Ehrgeiz und mein Interesse an Technik bereits der Weg zum nächsten Ziel geebnet, ohne dass ich es zu diesem Zeitpunkt ahnte. Meine erste eigene Firma – »FMV Funk- und Musikanlagen«!

Was habe ich damals unbewusst richtig gemacht?

Nun, bei der Gründung meiner Firma (eine GdbR – Gesellschaft des bürgerlichen Rechts) war alles gut geplant und überlegt umgesetzt. Ich hatte meine feste Anstellung im Betrieb des Autoradioherstellers, bei dem ich ein regelmäßiges Einkommen hatte, und ich konnte mich dort weiterbilden. Mit Genehmigung meines Arbeitgebers meldete ich mein kleines Gewerbe an, und am Wochenende ging ich dann dieser Tätigkeit nach. Ich startete mit einem Ladengeschäft mit Produkten, für die ich mich schon immer interessierte. Autoradios und Auto-Hi-Fi-Anlagen in Fahrzeuge einzubauen, ist doch ohnehin ein Männertraum, oder nicht? Die Idee dazu bekam ich durch meine Arbeit bei dem Autoradiohersteller.

Ich wollte etwas Technisches arbeiten, und zwar das, was mir Spaß machte. Das war mein Plan. Ich wollte eine eigene Firma haben.

Meine Idee in meinem kleinen Nebengewerbe war, Autoradios einzubauen und den Sound im Auto zu verbessern. Das war der Nutzen für die Kunden! Wie kam ich darauf? Nun, im Lager wurden Tausende von Lautsprechern für unterschiedliche Fahrzeuge aufbewahrt. Alle waren für den Serieneinbau geeignet. Ich war auf der Suche nach klanglich besseren Alternativen und wurde schnell fündig. Meine Nebentätigkeit begann mit dem Aus- und Einbau der Autoradios und dem Verkaufen von »besseren« Lautsprechern. Um meine Kunden davon zu überzeugen, stattete ich zunächst mein privates Fahrzeug mit einer Auto-Hi-Fi-Anlage aus. Der geniale Sound war überzeugend, und es bedurfte kaum noch weiterer Verkaufsargumente.

Nach einigen Monaten florierte mein Nebengewerbe so gut, dass ich mich entschloss, meine Arbeit im Lager zu beenden und mein Nebenberuf zum Hauptberuf zu machen. Endlich das arbeiten, was mir Spaß macht. Zunächst nur ein Traum, der jetzt aber in Erfüllung ging.

Dieser Traum hielt jedoch nicht sehr lange an. Mit der Aufnahme eines Geschäftskredites und den weiteren Fixkosten, die bei einer eigenen Firma so anfallen, hatte ich mich von einem Jahr auf das andere überschuldet. Heute weiß ich, dass es unter anderem an dem damals fehlenden Businessplan lag. Allein die tolle Idee und der Spaß an der Arbeit reichen eben leider nicht aus, um auch wirtschaftlich solide aufgestellt zu sein.

Schulden machen handlungsunfähig!

Wer noch nie in einer Schulden-Situation war, dem ist viel Leid erspart geblieben, und ich wünsche all denen, dass das auch so bleibt. Sollten Sie jedoch im Moment in einer Schuldenfalle sitzen oder sich eine solche anbahnen, so sollten Sie diesen Abschnitt aufmerksam lesen.

Wie kommt man in eine solche Situation? Ob selbst- oder fremdverschuldet, wer sich in einer solchen Lage befindet, ist jedenfalls nicht zu beneiden. Es gibt unzählige Möglichkeiten, wie man sich überschulden kann. Ich habe in meinem Leben bereits persönlich mehrere Varianten erfahren müssen. Eigentlich reicht das einmal im Leben, wenn es denn überhaupt sein muss. Doch bei mir war einmal nicht genug, und vielleicht auch aus diesem Grund kann ich Ihnen heute Tipps mit auf den Weg geben, wie Sie im Notfall damit umgehen können.

Ich hatte mich, wie eingangs beschrieben, mit vierundzwanzig Jahren für die Selbstständigkeit entschieden und führte eine kleine Firma. Der damalige Bedarf an Autotelefonanlagen war neben dem von Auto-Hi-Fi-Anlagen enorm. So florierte der Einbauservice, und das Einkommen reichte aus, um meine junge Familie – wir hatten gerade unsere zweite Tochter bekommen – zu versorgen. Leider entwickelte sich der Mobilfunkmarkt von einem Jahr auf das andere weg vom Kfz-Einbau hin zum tragbaren Handfunktelefon. Immer weniger Fahrzeugbesitzer wollten einen festen Einbau haben, und die Montage beschränkte sich zunehmend auf einfache Handy-Halterungen. Die Veränderung am Markt ging schneller voran, als eine Umstellung auf dieses neue Geschäft möglich war. Hinzu kam, dass keiner aus der Branche damit rechnete, dass das Einbautelefon so rasch durch einen »Handyknochen« mit fast eintausend Gramm Gewicht abgelöst werden würde. Die Ausgaben beziehungsweise die Betriebskosten waren die gleichen, die Umsätze und Erlöse wurden jedoch immer geringer. Hinzu kam, dass fast vierwöchentlich neue Handtelefone vorgestellt und auf den Markt gebracht wurden. Hatte man sich gerade von einem Modell zehn Stück für je fünf- bis zehntausend D-Mark auf Lager gelegt, waren diese bereits nach vier Wochen von einem neuen, preiswerteren Modell abgelöst und im Wert verfallen. Schlicht gesagt – keine schnelle Besserung in Aussicht, und die Dispokredite wurden immer mehr überstrapaziert.

Ich wäre doch nicht Ingo Schönherr, wenn ich so schnell aufgeben würde, dachte ich. Neue Geschäftsbereiche mussten her. Und das benötigte Kapital? Auf zum Steuerberater und zur Hausbank. Gut argumentiert und noch besser abgesichert war die neue Geschäftsidee durchgeboxt. Neues Geld für neue Aktivitäten war da und die Dispositionskredite erst einmal wieder auf einem normalen Level. Die Absicherung fand über eine Grundschuld statt. Natürlich durch das Anwesen meiner Schwiegereltern. Warum auch nicht? Ich war überzeugt, und der Steuerberater und die Bank waren Feuer und Flamme für meine Ideen. Nur leider gingen meine Pläne nicht auf, und ich kam erneut in große Schwierigkeiten. Die eingangs beschriebene Marktsituation und der rasche, starke Preisverfall der Produkte hielt lange Zeit an und konnte im Konzept leider nicht mit eingeplant werden. Dadurch bezahlte ich die Lieferantenrechnungen immer schleppender, um Zahlungsziele zu verlängern, und dann konnte ich sie überhaupt nicht mehr bezahlen. Mahnbescheide gingen vermehrt ein, und der Gerichtsvollzieher kannte mich schon persönlich.

Hinzu kamen die psychischen Belastungen, die natürlich auch im privaten Bereich nicht mehr zu verheimlichen waren. Eines kam zum anderen. Immer häufiger gab es Streit in der Ehe, der Frust und die Situation wurden immer unerträglicher. Außerdem hatte ich Angst, dass die Bank den Riegel vorschiebt und das sicherungsübereignete Eigentum gepfändet wird.

Der Druck, der auf unserer jungen Familie lastete, wurde uns zum Verhängnis, und meine Frau legte mir die Trennung nahe.

In der Tat kam es dann leider genau so. Ich wurde immer unerträglicher und konnte den Kindern kein guter Vater und meiner Frau kein guter Ehemann mehr sein. Die Sorgen machten mich wütend, vierzehn bis sechzehn Stunden täglich arbeiten, um etwas zu retten, raubten mir den notwendigen Schlaf. Sport und Ruhe zum Ausgleich gab es nicht. Ich musste mich von meiner Frau und den Kindern trennen, einen Konkursantrag für die Firma stellen und den Gang zum Amtsgericht machen.

Mit damals über 300.000 D-Mark Schulden ging das Ganze in die Abwicklungsphase. Nach dem Auszug mit nur einem TV-Gerät, einer Stereoanlage sowie meiner Kleidung lebte ich in einer möblierten Einzimmerwohnung, zunächst ohne Job und ohne Arbeitslosengeld nur mit Sozialhilfe. Als wäre das alles nicht genug, konnte ich natürlich auch keine Unterhaltszahlungen leisten, und das Jugendamt sprang dafür ein. Meine Frau und die Kinder sowie die Schwiegermutter mussten nach einiger Zeit aus dem Haus ausziehen, das durch mein alleiniges Verschulden zwangsversteigert werden sollte. Alles, was jahrzehntelang von meinem bereits verstorbenen Schwiegervater und seiner Familie aufgebaut worden war, hatte ich innerhalb kurzer Zeit vernichtet. Die Familie zerstört, und die Möglichkeit auf eine Lösung war gleich null.

Ich war handlungsunfähig! Ich konnte keine klaren Gedanken mehr fassen. Ich konnte keinen Briefkasten mehr öffnen und zuckte zusammen, wenn es an der Tür klingelte.

Und nun? Wie ging es weiter? Diese Frage habe ich mir wochenlang täglich unentwegt selbst gestellt. Ohne eine vernünftige Antwort. Ich wusste nur eines. Ich wollte weiterleben und raus aus diesem unerträglichen Elend.

So wie diese Geschichte gibt es sicherlich unzählige ähnliche Schicksale.

Wie geht man damit um?

Nun, zuallererst war klar, ich brauchte Arbeit, damit wieder Geld in die Kasse kam. Ganz egal was, wo, wie lange!

Ich fand bei einem Bekannten einen Job und konnte mich in dessen Unternehmen mit meinem Wissen gut einbringen. Er verkaufte gebrauchte Fahrzeuge, Baumaschinen, Kopiergeräte, Computer und weitere mobile Wirtschaftsgüter aus beendeten Leasingverträgen. Ich konnte ihn dabei gut unter die Arme greifen. Ich hatte wieder Ideen, und ich wollte etwas erreichen. Von früh bis spät habe ich gearbeitet, um Geld zu verdienen, um zu überleben und um meine Familie zu unterstützen.

Ja, es war ein Anfang, aber das Leben ging weiter, und meine Noch-Ehefrau musste sich mit zwei kleinen Mädchen durchschlagen. Sie erhielt wenig Geld vom Amt und hatte einen Job als Buchhalterin, und am Abend und teilweise am Wochenende arbeitete sie noch als Bedienung, um ihr Gehalt aufzubessern. Alles, damit sie die Familie ohne Vater über Wasser halten konnte. Die Erziehung, arbeiten gehen und der Haushalt, danach die Bedürfnisse heranwachsender Mädchen erfüllen und selbst nichts haben und sich nichts leisten können – diese Situation war für alle ein trauriger Zustand.

Ich dachte immer häufiger daran und fühlte mich sehr, sehr schlecht. Ich verdiente jedoch mit der aktuell ausgeübten Tätigkeit zu wenig, um den gerechten Anteil an Unterhaltskosten leisten zu können. Also wurde ein Teil davon immer noch vom Jugendamt übernommen.

Immer häufiger ertränkte ich meinen Kummer im Alkohol. Das wurde mir dann auch zum Verhängnis. Durch einen von mir verschuldeten Verkehrsunfall unter

Einfluss von Alkohol verlor ich nicht nur meinen Führerschein, sondern auch meinen gerade erst gefundenen Job, der mir die Chance auf ein einigermaßen »normales« Leben gesichert hätte.

Damit nicht genug, ich erntete noch eine Menge an Schulden durch Schadensersatzansprüche und Strafen, die mir auferlegt wurden. So musste ich das gegnerische Fahrzeug bezahlen, circa 5.000 D-Mark, da die Versicherung nicht dafür aufkam. Ich wurde verurteilt, eine Geldstrafe in Höhe von 10.000 D-Mark zu leisten, und mein eigenes Fahrzeug, das ich gerade erst abbezahlt hatte, war ein Totalschaden. Wert 20.000 D-Mark. Wie sollte ich das alles wieder geregelt bekommen?

Spätestens jetzt war ich erneut am Boden. Weiter nach unten ging es fast nicht mehr. Die Ehe kaputt, keinen Führerschein und somit auch kaum noch eine Möglichkeit, meine beiden Töchter am Wochenende zu sehen. Ich war verzweifelt, weinte tagelang und schämte mich für das, was ich getan hatte. Ich vergrub mich in meinen vier Wänden und wollte nichts hören und nichts sehen.

In dieser Situation spendete mir meine Exfrau Trost und baute mich mit ermunternden Worten wieder etwas auf. Dafür liebe ich sie heute noch.

Und ich hatte die Rechnung ohne meine Freunde gemacht. Sie halfen mir, diese Zeit ohne Führerschein zu überbrücken, und haben für mich viele Fahrten übernommen. Dadurch konnte ich meine Kinder weiterhin regelmäßig sehen und hatte wieder zeitweise eine verantwortungsvolle Aufgabe.

Meine beiden kleinen Töchter, zu diesem Zeitpunkt sieben und neun Jahre jung, hielten zu Papa, und ich bekam mein Lächeln zurück. Es begann eine Phase der Besinnung, und ich hatte viel Zeit zum Nachdenken und zum Lesen.

So verging kaum ein Tag, an dem ich nicht daran dachte, welche Lösung es für meine Situation geben und wie ich mich am besten aus der Misere befreien könnte.

Ich schmiedete einen Plan, um mit dem Wissen, das ich hatte, dort weiterzumachen, wo ich zuletzt als Angestellter aufgehört hatte. Ich machte mich wieder selbstständig und feilte an einer neuen Geschäftsidee!

Ich begann damit, mir meine Ideen und Einfälle zu notieren und überlegte mir eine Vorgehensweise. Ich entschloss mich mit meiner neuen Idee zu einer Selbstständigkeit gemeinsam mit einem alten Schulfreund von mir. Dafür gab es mehrere Gründe. Entscheidend war jedoch, dass mein Schulfreund das Know-how besaß, das zur Gründung des Unternehmens nicht unwichtig war, und er hatte bereits seit Jahren ein eigenes Unternehmen, auf dessen Gelände wir mit der neuen Idee sofort starten konnten.

Ich stellte meinem Schulfreund meine Idee und das Konzept vor, und wir sahen für uns beide Mehrwerte in der Zusammenarbeit.

Meine Ideen sollten nun umgesetzt werden. Das Konzept schien aufzugehen. In einem Bürocontainer, der aktuell nicht benutzt wurde, richteten wir kurzerhand ein Büro ein. Die Ausstattung war mangels Kapital sehr spartanisch: ein Schreibtisch mit nur drei Beinen, ein Aktenschrank, ein alter PC sowie ein glücklicherweise noch funktionierendes Telefaxgerät. So starteten wird durch. Das Unternehmen sollte im Bereich »Sicherstellung und Vermarktung von mobilen Wirtschaftsgütern« tätig werden. Der Plan war, im Auftrag von Banken und Leasinggesellschaften zu arbeiten und für diese die Objekte aus notleidenden Leasingverträgen abzuholen, zu lagern und anschließend zu vermarkten. Mit der Hilfe des ansässigen Arbeitsamtes konnte ich zunächst noch meinen Lebensunterhalt meistern, denn Einnahmen hatte das neu gegründete Unternehmen noch nicht. Geschweige denn konnte ein Gehalt bezahlt werden. Mir blieb monatlich genau so viel, dass ich die mit dem Jugendamt vereinbarten Beträge für meine Kinder bezahlen konnte.

Nun, das war ein Anfang, aber es mussten weitere Hürden genommen werden. Ich war immer noch ohne Fahrerlaubnis und somit nicht in der Lage, meinen neuen Arbeitsplatz aufzusuchen. Anfangs wurde ich von meinem Partner oder dessen Lebensgefährtin abgeholt und wieder nach Hause gebracht. Was allerdings aufgrund der Entfernung von dreißig Kilometern von Waldbronn nach Muggensturm nicht regelmäßig möglich und nebenbei auch noch teuer war. Ich musste etwas daran ändern. Ein erneuter Umzug stand an. Eine Wohnung in Malsch wurde gesucht und gefunden. Als der Umzug dann abgeschlossen war, konnte ich wenigstens mit dem Fahrrad zur Arbeit fahren und wieder halbwegs unabhängig sein.

Doch das Schicksal spielte mir erneut übel mit, denn mein Stiefvater, zu dem ich eine sehr tolle Beziehung hatte, starb während meines Umzugs und meine damalige Freundin beendete unsere Beziehung, weil ich nicht genug Zeit für sie hatte. Was soll ich sagen? Ja, es stimmte. Mein Ziel und mein Plan sahen das nicht vor. Sehr egoistisch, aber mir war mein Erfolg zu diesem Zeitpunkt einfach wichtiger, und ich musste Prioritäten setzen. Schön war das jedenfalls nicht von mir. Das sah ich damals leider nicht.

Mit Ausdauer und meinem Willen ging ich jeden Tag in den Bürocontainer, um meinem Ziel, ein erfolgreicher Unternehmer zu werden, näher zu kommen.

Ich hatte alle Hände voll zu tun. So musste ich nicht nur täglich mit meinen Auftraggebern verhandeln, sondern mich um die Werbung kümmern, neue Kunden akquirieren und Käufer und Interessenten für Ware suchen, die ich noch überhaupt nicht hatte. Denn bisher hatten wir noch keinen Auftrag. Ich telefonierte täglich mit Banken und Leasinggesellschaften und habe per Telefax unseren Service angeboten.

Zeitgleich suchte ich nach Lösungen und Ideen für die europaweite Vermarktung der zu verwertenden Wirtschaftsgüter. Diese Herausforderung galt es zu meistern, zumal es sich um komplett unterschiedliche Waren beziehungsweise Objekte handelte. So mussten wir nicht nur Fahrzeuge vermarkten, sondern auch viele andere Produkte. Ich musste eine Möglichkeit finden, auch Büromöbel und Bürogeräte, komplette Gastronomieeinrichtungen, komplette Geschäftsausstattungen, aber auch Produktionsmaschinen und Hochbaukräne transportieren und vermarkten zu können. Gleichzeitig schrieb ich mit einem anderen Freund zusammen monatelang an einer Software zur Lagerverwaltung, Objektverwertung und Abwicklung der Aufträge in dieser Branche, da es dafür bislang kein Programm auf dem Markt gab, das wir uns finanziell hätten leisten können.

Es folgten weitere Stolpersteine die genommen werden mussten. Nach und nach kamen die ersten Aufträge. Wow, es funktionierte! Je mehr ich telefonierte und Werbung für unseren Service machte, umso mehr Aufträge erhielten wir. So benötigten wir bald für den reibungslosen Ablauf und die Durchführung der Aufträge unserer Kunden bundesweit Subunternehmer vor Ort. Zur Rekrutierung dieser war ich dann (wieder im Besitz einer Fahrerlaubnis) in ganz Deutschland unterwegs.

Ab dem zweiten Jahr konnten wir uns dann einen Mitarbeiter am Standort Muggensturm leisten. Ich nutzte weiterhin meine Kontakte und mein Verhandlungsgeschick, um neue Auftraggeber zu finden, was auch dann immer mehr gelang. Ab dem dritten Jahr ging es weiter aufwärts. Wir vergrößerten unsere Lagerräume und mussten weitere Mitarbeiter einstellen, um die Aufträge zeitnah abwickeln zu können.

In nicht einmal vier Jahren führten wir unser Unternehmen zu einem florierenden Betrieb mit drei Niederlassungen und sechs Mitarbeitern in Festanstellung.

Wie konnten wir das erreichen? Nicht nur durch Arbeit, sondern mit einem Plan sowie unseren gesteckten Zielen, die wir etappenweise konsequent verfolgten.

Kapitel 3 – Etappen und Ziele zum Erfolg

Wer in seinem Leben etwas verändern oder erreichen möchte, der sollte sich Ziele setzen. Es kommt dabei natürlich auch auf die richtige Zielformulierung an. Dieses Buch soll Ihnen helfen, die Chance, Ziele zu erreichen, drastisch zu steigern, wenn Sie sich ein wenig damit beschäftigen.

Wichtig ist dabei, die Ziele zu formulieren. Wie das geht, habe ich Ihnen in diesem Artikel zusammengefasst.

Sie fragen sich bestimmt, ob es überhaupt notwendig ist, seine Ziele zu formulieren, oder? Wozu soll das gut sein? Reicht es denn nicht einfach aus, sich etwas vorzunehmen, etwas zu wollen und darauf hinzuarbeiten?

Die meisten Menschen haben keine konkreten Ziele! Sie wollen erfolgreich sein, haben aber keine Ahnung, wie – und hier kommen Ziele ins Spiel.

Ich bin mir sicher, dass Sie es mittlerweile auch nicht mehr hören können, oder? Überall wird das Gleiche geschrieben: Wenn du erfolgreich sein möchtest, dann musst du dir Ziele setzen. Denn ohne Ziele wirst du nichts erreichen!

Ob Sie es hören wollen oder nicht. Es stimmt einfach. Ohne Ziele kein Erfolg! Von einem Lottogewinn einmal abgesehen. Ziele begleiten Sie durch das Leben, sind Teil Ihres Alltags, sie motivieren Sie und bauen Sie nach Niederschlägen wieder auf. Sie helfen Ihnen dranzubleiben.

Ich möchte Ihnen in diesem Kapital fünf Punkte aufzeigen, die Ihnen helfen sollen, Ihre Ziele einfach, sinnvoll und wirkungsvoll zu definieren.

Was sind Ziele eigentlich?

Wenn man Menschen nach ihren Zielen fragt, kommen häufig folgende Aussagen:

- Ich möchte gesund bleiben.

- Ich will keine Sorgen haben.

- Ich möchte keine Geldsorgen haben.

- Ich möchte einfach glücklich sein.

Das sind aber alles KEINE Ziele. Sie sind alle nicht messbar, nicht spezifisch, und alle haben kein Zieldatum. Ganz wichtig dabei ist auch, dass diese Punkte nicht positiv formuliert sind und allgemein gehalten wurden. Das sind dann eher Wünsche und Vorstellungen, aber keine Ziele!
Definieren Sie Ihr Ziel und beschreiben Sie die Schritte.

Zum Beispiel: Heute ist der 01.05.2018, und bis zum 31.04.2020 möchte ich mein eigenes Büro eröffnen und selbstständiger Unternehmer werden.

Schritt 1
Sammeln Sie Ideen und erstellen Sie einen Businessplan. Informationen und Anregungen zu einem Businessplan finden Sie im Internet. Setzen Sie sich dazu ein Datum, bis wann Sie den Plan erstellt haben wollen.
Ein meist unterschätzter Punkt ist der bereits bestehende Wettbewerb. Informieren Sie sich in den nächsten Monaten über den Wettbewerbsmarkt. Gibt es diesen Geschäftszweig bereits in der Nähe? Wie groß ist Ihr Kundeneinzugsgebiet? Wie viel Prozent Marktanteil können Sie gewinnen? Notieren Sie alles, was eventuell Nachteile haben könnte, und auch alles, was es noch nicht gibt und für Ihre potenziellen Kunden von Interesse sein könnte.

Sprechen Sie über Ihr Ziel und Ihr Vorhaben mit anderen Menschen, beispielsweise mit der Familie und Freunden. Hören Sie genau zu und notieren Sie negative und positive Kritiken. Nehmen Sie diese ernst und beachten Sie diese. Auf keinen Fall sollten Sie Feedback ignorieren.

Seien Sie stets aufmerksam und achten Sie insbesondere auf negative Kritik. Beschäftigen Sie sich mit den Kritikpunkten und finden Sie Lösungen für eine Optimierung.

Schritt 2

Sie sollten stets überzeugt sein von dem, was Sie tun, und suchen Sie am besten nach Möglichkeiten, negative Anmerkungen zu Ihrem Vorteil zu nutzen.

Eine Lösung, die ich mir sehr oft zunutze gemacht habe, ist das Aufzeichnen des Adenauer-Kreuzes. Notieren Sie alle negativen und alle positiven Punkte, mit denen Sie konfrontiert werden oder die Ihnen selbst einfallen.

NA KLAR:

Das Adenauer-Kreuz:

Was spricht dafür	Was spricht dagegen
+	-

Schreiben Sie alle Ihre Plus- und Minus-Argumente für die zu treffende Entscheidung in die jeweilige Spalte. Was spricht dafür, und was spricht dagegen.

Geben Sie dann jedem Argument eine Bewertung nach dem Raster 1 bis 5 Punkte, wobei 1 Punkt relativ unwichtig ist und 5 Punkte extrem wichtig sind. Die Punkte in jeder Spalte addieren Sie und haben danach eine rationale Entscheidungsvorlage. Ein Hilfsmittel, das ich bei vielen Entscheidungen genutzt habe.

Schon allein das Notieren hat einen positiven Effekt.

Schritt 3

Analysieren Sie Ihre Etappen zum Ziel regelmäßig.

Ende Dezember 2018 – Zwischenstand! Was lief gut? Was fehlt? Welche Probleme tauchen auf? Was muss verbessert oder geändert werden?

Kein Grund zur Sorge. Punkte, die nicht gut laufen, gehören dazu. Jetzt wird erst einmal gesammelt und dann ausgewertet und weiter getüftelt. Denn das Ziel kommt immer näher.

Schritt 4

Die heiße Phase. Langsam sollten Teile der Theorie in die Praxis umgesetzt werden! Also jetzt müssen Sie etwas tun!

Denn was nutzt die ganze detaillierte Planung, wenn Sie danach nicht zulangen?

Handeln beziehungsweise die konkrete Umsetzung theoretischer Punkte ist meiner Meinung nach das Schwierigste.

Warum? Na ja, es bedeutet einen Start, es bedeutet Verantwortung, konsequent sein, es ist eben eine erste Hürde, die genommen werden muss.

Lassen Sie sich helfen, sprechen und diskutieren Sie über Ihr Vorhaben. Nehmen

Sie Ratschläge an und hören Sie Menschen zu, die vielleicht ähnliche Erfahrungen gemacht haben. Sehr hilfreich sind oft Tipps von denjenigen, die bereits Niederschläge erlitten haben und heute wieder auf beiden Füßen stehen.

Bleiben Sie flexibel und klammern Sie sich nicht eisern an Ihren Plan. Ändern Sie den Plan zum Ziel, so oft es notwendig ist. Feilen Sie an Punkten, die noch nicht rund sind. Jeder Plan sollte flexibel sein und nicht starr und handlungsunfähig werden, wenn der Weg gerade in eine Sackgasse führt.

Das Fantastische dabei ist, dass Sie dadurch wieder neue Kraft und Motivation sammeln, positiv in die weiteren Phasen gehen und stärker und selbstbewusster Ihrem Ziel immer näher kommen.

Schritt 5

Alle notwendigen Vorbereitungen für das Business!

Wie sieht Ihre Aufgaben-Liste aus? Räume anmieten oder Home-Office einrichten? Werbemaßnahmen für den Start? Absicherungen? Faktura und Buchhaltung? Und, und, und. Ist die Liste fertig, kann langsam ein Punkt nach dem anderen abgehakt werden.

Seien Sie in dieser Phase nicht zu stolz, um Hilfe anzunehmen. Egal welches Ziel Sie sich gesetzt haben – in unserem Fall ein eigenes, selbstständiges Office zu führen –, Sie finden überall Rat. Im Netz werden Sie immer fündig. Aber Vorsicht, meine Erfahrung zeigt, dass hier auch sehr viel Unfug und unqualifizierte Informationen gepostet werden. Holen Sie sich auf jeden Fall immer eine zweite oder dritte Meinung ein. Und entscheiden Sie für sich allein, welcher Sie folgen wollen! Warum? Weil Sie damit bereits wieder eine selbstständige Entscheidung getroffen haben, die Sie auf dem Weg zu Ihrem Ziel kräftigt und nach vorne bringt.

Wie geht es Ihnen jetzt? Was fühlen Sie in diesem Moment? Fühlen Sie sich gut? Ihre Stimmung ist ein ganz entscheidender Faktor für das Gelingen! Für das Erreichen Ihrer Ziele.

Zweifeln Sie? Handeln Sie hier zunächst nach Ihrem Bauchgefühl gehen Sie vorwärts. Ihr Plan wird Ihnen dabei helfen. Zweifel kann und wird es geben. Diese sind möglicherweise sogar berechtigt. Aber auch hier heißt es, einfach dem Plan weiter folgen. Abschalten, entspannen und am nächsten Tag weitermachen!

Dann läuft es sicherlich wieder besser.

Der Masterplan

Was ist Ihr Ziel? Definieren Sie Ihr Ziel und beschreiben Sie es nicht nur mit den Worten: Ich möchte erfolgreich sein!

Warum möchten Sie erfolgreich sein?

1. Ich möchte finanziell besser dastehen.
2. Ich möchte ein schönes Auto fahren.
3. Ich möchte eine eigene Firma haben.
4. Ich möchte Anerkennung ernten.
5. Ich möchte der oder die Beste sein (z. B. in Ihrem Beruf).
6. Ich möchte …

Schreiben Sie sich Ihre Punkte auf. Jeder von uns hat andere Bedürfnisse und definiert das Wort ERFOLG für sich selbst.

Erst dann definieren Sie Ihr Ziel. Am besten ist es, Sie setzen mehrere kleine Zwischenziele bis zu Ihrem gewünschten Erfolg.

Das könnte zum Beispiel sein:

Hauptziel: Ich möchte meine eigene Autovermietung eröffnen.

Etappenziel 1: In sechs Monaten möchte ich ein komplettes Konzept erstellt haben.

Etappenziel 2: In den darauffolgenden drei Monaten soll der Fuhrpark definiert und kalkuliert sein.

Etappenziel 3: In den nächsten drei Monaten soll die Finanzierung stehen und das Marketingkonzept ausgedacht sein.

Etappenziel 4: In den nächsten drei Monaten soll eine Location gefunden sein und das Gewerbe angemeldet werden!

Hauptziel erreicht: eine eigene Autovermietung!

Ich bin kein Spezialist in Sachen Autos, auch kenne ich mich in der Vermietungsbranche nicht aus. Das Beispiel soll Ihnen nur eine ungefähre Vorgehensweise aufzeigen. Durch das Setzen der einzelnen Etappenziele ist zwischendurch immer der Erfolg sichtbar! Die Gefahr eines Rückschlags und die damit verbundene Demotivation wird somit viel geringer.

Die einzelnen Etappen habe ich im nächsten Kapitel noch etwas mehr definiert und für Sie zur Anregung bereitgestellt.

Plan B

Nun haben Sie bestimmt schon vom Plan B gehört und wissen auch, wozu dieser benötigt wird.

In der Tat ist ein Plan B nicht schlecht, aber meiner Meinung nach nicht notwendig, da sich bereits innerhalb der ersten Etappen Richtungen und Wege automatisch oder zwangsläufig ändern. Warum soll ich gleich an eine Alternative denken? Ich habe ein Ziel, und das möchte ich erreichen. Also gehe ich meinen geplanten Weg dorthin und entscheide bei Bedarf kurzfristig, ob und wie ich etwas an meinem Weg ändern möchte.

Wer bin ich Teil 3

Das Ende der erfolgreichen Laufbahn

Es gab nun in unserem Unternehmen immer wieder die eine oder andere Herausforderung mit Mitarbeitern und unangenehmen Situationen. So zum Beispiel wurden wir betrogen und beraubt. Es gab häufiger interne Interessenkonflikte zwischen meinem Partner und mir. Heute verstehe ich, was sich damals langsam abzeichnete. Hätte das vermieden werden können? Ich bin mir nicht sicher, aber ich bin der Meinung, dass es nicht zu verhindern war. Es spitzte sich immer mehr zu. Das Unternehmen zerbrach langsam. Viele Dinge waren unschön, und aus der Partnerschaft wurde Misstrauen. Es kam der Tag, an dem ich abermals eine schwere Entscheidung treffen musste. Sollte ich die jahrelange Aufbauarbeit beenden? Nächtelang lag ich wach und überlegte mir einen Ausweg. Letztendlich entschied ich mich für eine Trennung von meinem Partner. Wir trafen gemeinsam eine Vereinbarung, die für mich eine Ausscheidung aus der GmbH vorsah.

Mit meiner zweiten Ehefrau führte ich zunächst ein angenehmes Leben. Wir entschieden uns gemeinsam für ein kleines Häuschen, das wir uns dank einem Bankkredit leisten konnten, und richteten uns schön ein. Jeder von uns durfte ein tolles Auto fahren, und jeder konnte seinem Hobby nachgehen. Kurz: Es ging uns wirklich gut.

Nachdem ich nun den Entschluss gefasst hatte, aus meinem eigenen Unternehmen auszusteigen, musste schnell ein neuer Plan her.

Der sah vor, gemeinsam mit meiner Ehefrau ein neues Geschäft aufzubauen. Es sollte in einer ähnlichen Branche sein. So beschlossen wir, gemeinsam einen Restpostenhandel zu betreiben. Dies funktionierte anfangs gut, erwies sich jedoch nach einiger Zeit als nicht rentabel genug, um zwei Gehälter und die monatlichen Raten für den Kredit des Hauses abzudecken. Hinzu kam, dass das eine oder andere Geschäft unglücklich verloren wurde. Wir hatten beispielsweise einen großen Posten Herrenanzüge gekauft, den wir direkt an einen Kunden in Griechenland weiterverkaufen wollten. Zunächst sagte uns dieser Kunde auch zu, die gesamte Ware abzunehmen, doch leider kam es anders. Der Kunde machte einen Rückzieher. Nach langem Hin und Her stand fest, er nahm nur circa die Hälfte der Ware direkt ab. Die andere Hälfte mussten wir eben anderweitig verkaufen. Es stellte sich jedoch rasch heraus, dass ein Verkauf in Deutschland aufgrund des Preises und der noch vorhandenen Modelle nicht einfach war. Wir konnten zwar letztendlich die komplette Ware veräußern, doch blieb unterm Strich leider kein Gewinn mehr. Es fehlten uns zunehmend attraktive Aufträge und Ware, die sich gut verkaufen ließ. Es zeichnete sich ab, diese Firma nach zwei Jahren zu schließen und sich nach anderen Einnahmequellen umzusehen, bevor wir ins Minus laufen würden und uns noch verschuldeten.

Und wieder musste ich von Neuem beginnen!

Meine Ehefrau und ich mussten zusehen, wieder ein Arbeitsverhältnis zu erlangen. Und erneut sollte eine wichtige Entscheidung getroffen werden.

Nicht nur die Fahrzeuge sollten verkauft werden, sondern ich zog in Erwägung, auch das Haus zu verkaufen. In Absprache mit meiner damaligen Ehefrau konnten wir das Haus letztendlich gewinnbringend veräußern.

Nun war wieder alles weg. Keine tollen Autos mehr, kein eigenes Haus und keine festen Jobs. Wichtig war jedoch, dass wir keine Altlasten mehr hatten und komplett neu beginnen konnten.

Erneut stellte ich mir die Frage: Kann ich wirklich noch einmal durchstarten? Ich zweifelte nicht nur an meiner Entscheidung, sondern auch an meiner Zielstrebigkeit. Was sollte ich jetzt tun? In welche Richtung gehen? Was hatte ich denn falsch gemacht? Fragen über Fragen, die ich mir täglich stellte. Zu diesem Zeitpunkt hatte ich genug damit zu tun, mich nicht aufzugeben. Es war eine wirklich schwere Zeit.

Also wieder aufstehen? Kein Zweifel. Na klar, ist doch kein Problem, motivierte ich mich erneut selbst. Eines war jedoch bei der Planung klar. Wir mussten unbedingt beide arbeiten gehen. Ein Gehalt reichte nicht aus.

Also suchten wir eine Lösung für unsere Zukunft.

Wie es hier weitergeht, erzähle ich Ihnen im Kapitel »Wieder einmal aufstehen und durchstarten«.

Mut für Neues

Vor nicht allzu langer Zeit las ich in einem Kalender von Jörg Löhr (Edition Erfolg Verlag 2019) folgenden Spruch: ›Alles kann man sich aneignen, Wissen, Gewandtheit, nur den Mut nicht. Mut kann man nicht lernen.‹ (Henri Stendhal)

Sie allein entscheiden über den Mut. Mut, etwas zu tun, Mut zu handeln, Mut für Entscheidungen, Mut für alles, was Sie tun. Auch den Mut zu haben, einmal Nein zu sagen, ist das, was Sie einzigartig macht. Es sind Ihre Entscheidungen. Mut in Verbindung mit Ihren Zielen und dem festen Glauben daran, dies alles zu verwirklichen, wird Sie motivieren und Ihnen Kraft schenken, die Sie immer und immer wieder benötigen.

Regeln

Man kann sich viel vornehmen und doch nichts davon erreichen. Die Gründe dafür können sehr unterschiedlich sein. Aber wichtiger ist, dass man sich überhaupt etwas vornimmt und dieses Ziel vor Augen hat und verfolgt.

Dazu gehören Regeln. Wer benötigt Regeln? Sind sie denn notwendig? Können Regeln wirklich hilfreich sein?

Meiner Meinung nach ja. Ohne Regeln ist es in etwa wie Duschen ohne Seife oder wie Essen ohne Besteck. Es geht, aber nicht wirklich gut.

Regeln können einfach und unspektakulär sein, dürfen aber nicht fehlen, um ein Ziel zu erreichen.

Welche Regeln sollen es sein?

Nun, das hängt in erster Linie von Ihrem Ziel ab. Ist es zum Beispiel Ihr Ziel, nächsten Monat das Rauchen aufzugeben, so wäre eine Regel dazu, jeden Tag eine Zigarette weniger zu rauchen, bis der nächste Monat erreicht ist. Eine andere Regel könnte sein, dass Sie am Ende jeder Woche aufschreiben, wie viele Zigaretten Sie geraucht haben, um bewusst immer weniger zu rauchen bis zum Ende des Monats. In beiden Fällen haben Sie sich ein Ziel gesetzt und eine Regel aufgestellt, die Ihr Vorhaben kontrolliert und steuert.

Ziele können auch ohne Regeln erreicht werden. Wenn man stark genug ist, den festen Willen und genug Ehrgeiz besitzt und einfach im nächsten Monat aufhört zu rauchen.

Hört sich einfach an, ist es eigentlich auch. Aber die wenigsten von uns schaffen das.

Regeln sind wie eine Treppe, die man nach oben geht. Sie beginnt einfach und wird von Stufe zu Stufe schwerer. Wer durchhält, wird am Ende belohnt, da man ganz oben am Ziel angekommen ist.

Was ist zu beachten?

Regel Nr. 1

Ein fester Wille und Entschlossenheit.

Bekommt man das in die Wiege gelegt? Ganz klar sind die Menschen sehr unterschiedlich veranlagt, und dem einen fällt es einfacher als dem anderen. Doch jeder kann sich mit Regeln und Entschlossenheit seinen Willen stärken und Ziele erreichen.

Denken Sie doch einfach nur einmal daran, dass Sie sich vornehmen, jeden Morgen vor der Arbeit fünfzehn Minuten laufen zu gehen. Oder jeden Morgen zwanzig Liegestütze zu machen. Mit Entschlossenheit und einem eisernen Willen, der uns immer stärker macht, je öfter wir unseren inneren Schweinehund besiegen, ist alles möglich. Haben Sie Ihren inneren Schweinehund schon einmal bezwungen? Wenn nicht, dann sollten Sie es unbedingt einmal tun. Sie können sich nicht vorstellen, was für ein tolles Gefühl das ist. Sie schweben über den Wolken, fühlen sich toll und haben unvorstellbare Kraft.

Allein das Besiegen wirkt Wunder und ist sehr oft der Auslöser für wundervolle Zeiten.

Beispielsweise wenn Sie allen Mut zusammennehmen und Ihrem Chef morgen mitteilen, dass es an der Zeit ist, eine Gehaltsanpassung vorzunehmen. In diesem Fall ist Vorsicht geboten, hier reicht allein die Entschlossenheit nicht aus. Für solch eine Aufgabe ist eine perfekte Vorbereitung ebenso notwendig!

Regel Nr. 2

Gehe kleine Schritte. Setze erreichbare Etappenziele.

Im Kapitel »Die Umsetzung« gehe ich etwas detaillierter mit dem Thema um und beschreibe in anschaulichen Beispielen die Etappen für mögliche Ziele.

Generell ist jedenfalls meine persönliche Erfahrung die, dass ich zumeist meine Ziele nicht erreicht habe, wenn die Anforderungen zu groß waren.

Mein erstes Ziel war: eine eigene Firma!

Regel Nr. 3

Sei auf Rückschläge gefasst.

Warum wird es Rückschläge geben? Das ist relativ einfach zu erklären: Dinge, die man sich vornimmt, funktionieren so nicht, oder es gibt sie bereits, oder aber sie können nicht genehmigt werden. Viele solcher kleinen Rückschläge können unseren Plan und unser Ziel gefährden. Daher gilt es, sie wenn möglich zu vermeiden oder, wenn es unvermeidlich ist, mit diesen Rückschlägen richtig umzugehen.

Wenn mir zum Beispiel ein Amt mitteilt, dass mein gewünschtes Gewerbe nicht möglich ist, so ist nicht gleich mein komplettes geplantes Ziel gescheitert. Dann suche ich nach einer Alternative, die es immer gibt.

Oder wenn ich mir einen Finanzierungsplan erstellt habe und die Bank diesen ablehnt und somit überhaupt keine Finanzierung möglich macht. Auch dann gibt es Alternativen wie eine andere Bank oder auch private Investoren.

Es gibt IMMER eine Möglichkeit.

Jeder Rückschlag macht Sie stärker und sicherer in Ihrer Vorgehensweise! Das ist das Tolle daran. Sie werden auf Ihrem Weg zum Ziel bereits erfolgreich in Ihrem Wissen!

Wieder einmal aufstehen und durchstarten

So ging es bei uns dann weiter:
Nach dem Verkauf des Hauses haben meine Ehefrau und ich uns auf dem Arbeitsmarkt umgesehen. Für meine Frau war ein Angebot aus Österreich im Eventmanagement in die engere Wahl gekommen, und ich bekam auf dem Tennisplatz ein Angebot von einem Tennispartner, der bereits lange Zeit ein sehr erfolgreiches IT-Zubehör-Unternehmen führte.
Was für mich zunächst überhaupt nicht vorstellbar gewesen war, rückte angesichts der aktuellen Geldknappheit immer näher. Ich nahm das Angebot als Verkäufer im Außendienst mit einem etwas mulmigen Gefühl an und freute mich gleichzeitig darüber, dass dieses Vertrauen in mich gesetzt wurde. So startete ich eine Karriere als angestellter Key-Account-Manager.
Meine Frau nahm bis zur Österreich-Entscheidung einen Teilzeitjob an. Erstes Etappenziel erreicht: Wir hatten beide eine Beschäftigung und konnten alles Weitere darauf aufbauen.
Beruflich wieder auf dem Einkommenskurs kriselte es jetzt zunehmend in der Ehe. Aus bisherigen kleinen Problemen wurden größere. Es kam zur Trennung und an-

schließenden Scheidung in Österreich, da meine Frau zwischenzeitlich die Arbeitsstelle dort angenommen hatte. Einfach war diese Trennung nicht. Daher möchte ich auch nicht näher darauf eingehen. Nach der Trennung stand erneut ein Umzug an. Da ich nun wieder einen Singlehaushalt führte, musste die Wohnung klein und preiswert sein.

Was soll ich sagen? Neuer Job, neue Wohnung, keine Ehe mehr, und ganz ehrlich – irgendwie kannte ich das ja bereits. Eine Freundin half mir in dieser Zeit und gab mir oft die noch fehlende Motivation. Sie war für mich da, wenn ich eine Schulter zum Anlehnen benötigte. Dafür bin ich ihr heute noch sehr dankbar.

So startete ich abermals durch. Der neue Job gefiel mir zunehmend, und ich war ehrgeizig genug, dort erfolgreich zu werden. Verkaufen konnte ich ja bereits, nur musste ich die neue Branche erst kennenlernen, um richtig loslegen zu können.

In dieser Zeit hatte ich erstmals seit Langem wieder ein einigermaßen normales Leben. Ich meine zumindest beruflich. Ich war angestellt und hatte einen geregelten Arbeitstag und ein freies Wochenende. Die Zeit nutzte ich, um mehr Kontakt zu meinen Töchtern zu suchen, und empfand es als sehr angenehm, mit meiner Frau aus erster Ehe Probleme auszutauschen und ab und zu gemeinsam mit ihr auszugehen. Schlicht eine tolle Zeit.

In dieser Zeit erlebte ich Tage voller Emotionen und Berg- und Talfahrten meiner Gefühle. Einmal verliebt und dann zu Tode betrübt. Hin- und hergerissen fand ich immer häufiger eine offene Tür bei meiner Exfrau.

Wir trafen uns nach Feierabend und an den Wochenenden. Immer häufiger verbrachte ich die Zeit bei ihr zu Hause, gemeinsam mit den Kindern. Nach einigen Monaten gab ich meine erst kürzlich bezogene Wohnung auf und zog zu ihr. Der angenehme Nebeneffekt war, dass wir dadurch beide noch eine Menge Geld sparen konnten. Es war der Anfang einer neuen Ära für uns beide.

Kapitel 4   Die Umsetzung

Nun werden Sie vielleicht sagen: »Ich habe in den ersten Kapiteln einiges erfahren und mitnehmen können. Aber wie setze ich das jetzt für mich persönlich um? Wie wende ich die Inhalte an? Gibt es eine Vorgehensweise oder einen Leitfaden?«

Die Antwort ist nein.

Denn jeder von uns ist anders und einzigartig. Jeder hat seine Abneigungen und Eigenarten. Jeder sieht die Dinge auf unterschiedliche Art und Weise, und jeder von uns ist eben etwas Besonderes.

Ich kann Ihnen Dinge empfehlen, Tipps und Ratschläge geben und von meinen Erfahrungen berichten. Einen Plan sollten Sie sich jedoch selbst erstellen. Was ist damit gemeint? Nun, schauen Sie, wie bei allem, was wir im Leben beginnen oder angehen, steht doch eines am Anfang. Die Frage »Warum?«. Es geht zunächst nicht darum, das Ziel zu definieren, sondern sich die Frage zu stellen, warum ich dieses Ziel denn erreichen möchte. Denn mit der Beantwortung dieser Frage entsteht meist schon eine Idee zum künftigen Plan und der Vorgehensweise.

Fähigkeiten

Welche Fähigkeiten benötige ich, um erfolgreich zu sein?

Seien Sie einfach Sie selbst! Hier könnte dieses Kapitel bereits zu Ende sein.

Folgen Sie zunächst Ihrer Leidenschaft. Hierbei ist das WOLLEN ein wichtiger Baustein, ohne diesen eine Zielerreichung meiner Meinung nach nicht gelingen wird. Es gibt keinen geborenen Künstler oder Unternehmer. Es gehört eine Portion Selbstvertrauen, etwas Mut und Leidenschaft in jedes Paket, um erfolgreich zu sein.

Es ist nicht das Lied, sondern der Sänger. Es ist nicht das Shirt, es ist das Label. Der Unterschied sind wir! Wir haben die Möglichkeit, etwas Einzigartiges, etwas Besonderes zu sein.

Jeder kann erfolgreich sein. Man braucht dazu keine spezielle Ausbildung oder Schulung.

Optimale Fähigkeiten sind zum Beispiel:

- Selbstbewusstsein
- Schlagfertigkeit
- Souveränität
- Freundlichkeit
- Mut
- Ehrgeiz
- Motivation

Aber auch:

- Besonnenheit
- Ruhe und Gelassenheit
- Ausgeglichenheit
- Optimismus

Schwierig wird es mit:

- Pessimismus
- Unklarheit

- Demotivation
- Zurückhaltung
- Sturheit

Was natürlich nicht bedeutet, dass ein Mensch mit letzteren Eigenschaften nicht erfolgreich sein kann. Jedoch schätze ich das als Bremse ein auf dem Weg zum Erfolg.
Wobei eine wohldosierte Portion Pessimismus auch nicht verkehrt ist, um zu verhindern, dass man aufgrund der Euphorie blind wird.
Also das Optimale wäre natürlich, von jedem ein kleines bisschen zu besitzen oder es sich anzueignen.
Im Großen und Ganzen benötigt man keine besonderen Fähigkeiten, um erfolgreich zu sein. Aber irgendwie ist es doch auch einleuchtend, oder? Welcher erfolgreiche Geschäftsmann würde mit Zurückhaltung und Pessimismus sein neues Produkt bewerben? Selbstverständlich kann der Bäcker sein Brot auch mit einer demotivierten Stimmung backen. Aber hat er Freude daran?
Was ich damit ausdrücken möchte, ist, dass es einfacher, freundlicher und mit wesentlich mehr Spaß an der Arbeit verbunden ist, wenn man seine negativen Eindrücke ablegt. »Na klar«, sagen Sie. »Der hat gut reden. In meiner Situation geht das eben nicht.«
Auch das verstehe ich, denn glauben Sie mir, ich hatte sehr viele solcher negativen Momente in meinem bisherigen Leben.
Sollten diese Momente jedoch eintreffen, versuchen Sie zunächst, Ihre Stimmung zu verbessern, bevor Sie weiter an Ihren Aufgaben und Zielen arbeiten. Hierzu gibt es unzählige Möglichkeiten, und das Internet ist voll mit guten Ratschlägen oder

Maßnahmen. Es gibt kein Allheilmittel oder Rezept gegen schlechte Laune, aber Sie haben einen Willen! Setzen Sie diesen ein und sagen Sie sich beispielsweise: »Okay, es ist gerade Mist! Aber was kann ich tun, damit es besser wird?« Fragen Sie sich und versuchen Sie, selbst herauszufinden, wie Sie die aktuelle Situation verbessern können.

NA KLAR:
Zögern Sie nicht und schauen Sie den Tatsachen ins Auge.
Grübeln Sie nicht darüber nach, was alles passieren kann, wenn Sie die nächste Rechnung nicht bezahlen können! Überlegen Sie stattdessen, was Sie tun können, damit dieser Fall nicht eintritt.

Oder vergeuden Sie keine Zeit mit Gedanken, was passieren wird, wenn Sie die nächste Miete nicht begleichen können. Schauen Sie den Tatsachen ins Auge und sagen Sie: »Ja. Diesen Monat werde ich es nicht schaffen! Okay, was kann ich tun?«

1.) Gleich mit der Bank reden und gemeinsam mit der Bank einen Lösungsweg suchen.
2.) Gibt es eine kurzfristige Alternative, an Geld zu kommen?
3.) Wer könnte mir behilflich sein für kurze Zeit?
4.) Mit wem kann ich darüber sprechen?
5.) Wie sehen die nächsten Monate aus? Werden diese besser? Kann ich damit alles wieder ausgleichen?
6.) Oder muss ich nach einer langfristigen Lösung suchen und mit meinem Vermieter sprechen?
7.) Gibt es die Möglichkeit einer kurzfristigen Mietreduzierung oder –ausset-

zung? Sie wissen es ja nicht. Also müssen Sie fragen!

Das sind wirklich nur einige Ansatzpunkte, um ein solches Problem aktiv und optimistisch anzugehen. Und ich könnte noch unzählige weitere Möglichkeiten aufzählen. Warum? Weil ich motiviert bin, eine Lösung zu finden. Und das hilft nicht nur Ihnen, sondern allen Beteiligten. Dem Vermieter, der Bank und dem Partner. Natürlich geht jeder von uns anders an eine Sache heran. Wie gesagt, es gibt kein Allrounder-Rezept für »bescheidene« Situationen. Es sind nur Tipps und Anregungen, die ich Ihnen geben kann. Probieren Sie es doch einfach aus. Ich bin mir sicher: SIE SCHAFFEN DAS!

Kapitel 5 – Gestalten Sie Ihr Image

Gute-Laune-Image

Wer kennt das nicht? Humor hilft in vielen Situationen. Testen Sie es. Malen Sie einen Smiley auf eine Haftnotiz und kleben Sie diese an den Monitor Ihres Kollegen oder Ihrer Kollegin. Beobachten Sie die Reaktion der Person, wenn sie die Notiz sieht. Humor in Gesellschaft ist ein wichtiger Faktor. Wenn Sie ein humorvoller Mensch sind, nutzen Sie dies unbedingt aus. Sei es im privaten oder geschäftlichen Bereich, Humor kommt immer an. Achten Sie jedoch stets auf das Stimmungsbarometer und auf die Reaktionen in der geselligen Runde. Lockern Sie die Gespräche mit kleinen Witzen auf, oder bringen Sie einfach einen lockeren Spruch. Sie sollten jedoch vorsichtig damit umgehen. Hier ist Ihre Sensibilität gefragt. Schließlich wollen Sie sich nicht zum Clown machen. Denn dies kann nach hinten losgehen. Die Entscheidungen trifft in aller Regel nicht der Spaßvogel. Also gehen Sie mit dem richtigen Maß vor, und wenn Sie es nicht klar einschätzen können, dann verhalten Sie sich lieber etwas zurückhaltender als zu überdreht. Sie machen sich sonst eventuell lächerlich.

Testen Sie es einmal. Es wird sicherlich ein Weilchen dauern, aber ich bin mir sicher, dass Ihr Beliebtheitsfaktor steigt. Kollegen, die für gute Laune sorgen, sind beliebt. Auch Kunden freuen sich über gut gelaunte Verkäufer und meiden eher die miesepetrigen.

Ich habe mich zu Anfang meiner Verkaufskarriere sehr oft auf einen bevorstehenden Kundentermin zu Hause vorbereitet. Ich überlegte mir, mit welchen Themen ich bei dem jeweiligen Kunden mein Gespräch beginnen könnte. Was wusste ich bereits über diese Person? Was mag diese Person? Welchem Hobby geht sie nach? Dann habe ich Parallelen zu mir gesucht und konnte so mit dem einen oder anderen kleinen Scherz zu einem positiven Gesprächsverlauf beitragen.

Es hat fast immer geklappt. Natürlich haben auch die Kunden schlechte Tage, an denen das nicht funktioniert. Aber glauben Sie mir, das spüren Sie gleich.

So ein Gute-Laune-Image ist nicht das Verkehrteste. Ich entdeckte das als einen meiner zukünftigen Joker und setze meinen Humor ständig ein. Ich hatte bisher keine einzige Situation, in der das unangebracht gewesen wäre.

Ich kann es Ihnen nur empfehlen. Lächeln Sie, freuen Sie sich mit Ihrem Gegenüber oder scherzen Sie. Jedoch bitte niemals auf Kosten eines Anwesenden. Damit schießen Sie sich ein Eigentor.

Tagebuch führen

Ein noch nicht vorhandenes Selbstbewusstsein entwickelt sich meist recht langsam. Aber die gute Nachricht ist, es ist trainierbar. Denn alle Gewohnheiten, die Sie sich im Laufe der Zeit aneigneten, haben Sie sich irgendwann bewusst oder auch unbewusst zugelegt und können sie auch wieder abtrainieren.

Es gibt Ratschläge verschiedener Trainer und Institutionen, die ein sogenanntes »Erfolgstagebuch« empfehlen. Ich selbst habe es auch eine gewisse Zeit angewandt. Durch ein solches Erfolgstagebuch können Sie Ihre Achtung vor der eigenen Person beeinflussen.

Machen Sie doch einen Versuch. Dabei sollten Sie in Ihrem Tagebuch folgende Fragen beantworten:

- Was ist mir am heutigen Tag besonders gut gelungen?

- Aus welchen Fehlern konnte ich etwas lernen?

- Was hat mich heute stolz gemacht?

- Was hat bei mir Freude ausgelöst?

Sammeln Sie dabei positive Erinnerungen. Sei es bei der Arbeit, beim Sport, bei Freunden oder Kunden, beim Einkauf oder im Café.

Notieren Sie die positiven Erlebnisse und lesen Sie immer wieder in Ihrem Tagebuch. Schreiben Sie sich positive Dinge auf. Sie werden erkennen, wie Sie sich im Laufe der Zeit verändern.

Körpersprache (Hände)

Ihre Hände sind wie ein offenes Buch und erzählen alles über Sie. Es ist kaum zu glauben, aber es ist in der Tat so. Ihre Hände und deren Haltung drücken unwillkürlich Ihre Gedanken oder Ihren inneren Zustand aus. Und das bereits, bevor Sie sich äußern. Achten Sie einmal bewusst darauf, welche Handbewegungen Sie machen

So signalisieren Sie bei der Begrüßung mit einem kräftigen Händedruck beispielsweise Ihre Offenheit und den Willen zu vertrauen. Oder das Spielen am Ringfinger kann auf einen Beziehungskonflikt hinweisen. Beschäftigen Sie sich einmal mit diesem Thema, es wird Sie überraschen, welche Erkenntnisse Sie erlangen. Zum Beispiel können Sie Konfliktsituationen am besten dadurch entschärfen, indem Sie die Hände entspannt und locker etwas geöffnet auf den Tisch legen. Ihr Gegenüber wird sich auf jeden Fall wohler fühlen und schneller auftauen.

Falsche Bescheidenheit

Es reicht nicht aus, etwas zu verbessern, Sie müssen es auch kommunizieren. Sprechen Sie Ihre Ideen und Verbesserungen an. Vielleicht ist es angebracht, manchmal etwas Bescheidenheit abzulegen. Sie müssen ja nicht gleich prahlen!

Sprechen Sie darüber, wenn Sie einen völlig aufgebrachten Kunden beruhigen konnten und dieser anschließend wieder wie gewohnt bei Ihnen Ware bestellt und nicht bei der Konkurrenz.

Oder Sie haben eine gute Idee. Dann erzählen Sie davon im Meeting, bevor es ein anderer macht.

Oder loben Sie jemanden. Glauben Sie mir, das Lob kommt garantiert wieder zurück. Verstecken Sie sich nicht hinter den anderen, sondern äußern Sie sich. Das macht Sie sicherer. Sie müssen nicht bescheiden bleiben.

Hürden überwinden

Wie können Sie vorgehen, um trotz auftretender Hindernisse und Hürden erfolgreich Ihre Ziele zu erreichen?

Ich habe bei mir selbst festgestellt, dass es am häufigsten die immer wiederkehrenden täglichen Zeitfresser sind, die mich von der Zielerreichung abgehalten haben. Beispielsweise Social Media, ständige Handytöne, die ablenken, oder auch die Unordnung. Wenn Ihr Schreibtisch voll liegt, lässt es sich einfach nicht entspannt arbeiten. Auch ein großer Zeitfresser ist, wenn Sie Ihre Aufgaben vor sich herschieben.

Eine Möglichkeit, die ich für mich genutzt habe, ist, meine Ziele, die mir wichtig waren, zu notieren. Sie müssen auch aufschreiben welche Hindernisse sich Ihnen in den Weg gestellt haben, um anschließend Lösungen zu suchen, und diese ebenfalls notieren, um sie danach anzuwenden. Fragen Sie sich, was Sie benötigen, um die Hürden zu bewältigen.

Legen Sie einen Zeitraum fest, bis wann diese Schritte erledigt sein sollen, und halten Sie sich möglichst daran.

Und wie bereits mehrfach erwähnt: Machen Sie es!

So kann Sie Kritik nicht treffen

Kritik kann einen sehr treffen. Man sorgt sich, macht sich viele Gedanken darüber, ist geschwächt in der Konzentration und zeitweise sogar handlungsunfähig.

Jeder von uns hat bereits Kritik erfahren, und jeder von uns reagiert anders darauf. Mit dem Thema Kritik und wie man damit umgeht, haben sich bereits viele Autoren beschäftigt. Dale Carnegie beispielsweise hat dem Thema in seinem Buch *Sorge dich nicht, lebe!* ein Kapitel gewidmet, das ich zu einhundert Prozent bestätigen kann, und seit ich dieses Buch las, auch immer wieder versuche, es umzusetzen.

Ich zum Beispiel habe bereits in frühen Jahren angefangen, es jedem recht zu machen. Zumindest habe ich es versucht. Immer und immer wieder. Auf verschiedenen Wegen. In meiner Lehrzeit hat es begonnen. Beschimpfungen, Ausdrücke, die ich selbst nicht in den Mund nehmen würde. Ich wurde beschimpft und verflucht. Heute kann ich mit Kritik und Beschimpfungen besser umgehen. Damals aber fühlte ich mich dadurch beleidigt und zum Teil angegriffen. Viele von uns nehmen Spott und Kritik viel zu ernst. Und ich bin da keine Ausnahme!

Heute weiß ich, dass die meisten Leute bei Kritik nicht an Sie denken, sondern an sich selbst. Diese Menschen haben nichts anderes zu tun. Vom frühen Morgen bis zum Ende des Tages.

Auch Dale Carnegie schrieb dies bereits in seinem Buch: »Sollten Sie getreten und kritisiert werden, denken Sie immer daran, dass manche Leute dies tun, weil es ihnen ein Gefühl von Wichtigkeit gibt.« (Carnegie, Dale: Sorge dich nicht – lebe! 6. Auflage 2016 Seite 265)

Kritik ist nicht generell schlecht. Sie sollte angebracht und konstruktiv sein. Also ignorieren Sie nicht einfach jede Kritik. Leider, oder Gott sei Dank, können wir uns die Kritik nicht aussuchen. Und somit müssen wir entscheiden, wie wir damit umgehen.

Sie können entweder darüber lachen und sich Ihren Teil denken oder Sie können aktiv werden, das Gespräch suchen, um konstruktive Argumente bitten und diese gemeinsam analysieren.

Ich jedenfalls versuche, immer und bei allem mein Bestes zu geben. Ich tue eben alles, so gut ich es kann. Ich habe dies schon immer so gemacht und mache das bis heute so. Wenn sich danach herausstellt, dass ich recht hatte, ist die Kritik ohnehin unwichtig und vergessen. Sollte ich nicht recht gehabt haben, nun, dann ist es eben so, und ich kann damit umgehen.

Geben Sie in jeder Situation Ihr Bestes, damit fahren Sie immer gut. Mir persönlich gefällt die Regel von Carnegie sehr gut, und daran versuche ich mich zu halten. Auch wenn diese Art nicht immer einfach ist und man sich durchaus im Griff haben muss.

»Tun Sie, was Sie im Grunde Ihres Herzens für richtig halten – denn kritisiert werden Sie sowieso.« (Carnegie, Dale: Sorge dich nicht – lebe! 6. Auflage 2016 Seite 269).

Wie gewinne ich an Ausstrahlung?

Wie möchten Sie auf andere wirken? Oder anders gefragt: Wie wirken Sie auf Ihre Mitmenschen?

Ein wichtiger Bestandteil, Ihre Wirkung positiv zu gestalten, ist Ihr Selbstbewusstsein. Eben das Bewusstsein über Ihre inneren Werte. Das Selbstbewusstsein wiederum kräftigt Ihr Auftreten. Optimal ist es dabei, das innere und das äußere Image in eine gewisse Übereinstimmung zu bringen.

Um an Ausstrahlung zu gewinnen, habe ich für mich selbst nur wenige Dinge eingesetzt.

Ein Punkt, der mir persönlich sehr wichtig ist, ist die Kleidung. Ich kleide mich sehr gerne bunt. Also nicht wie ein Paradiesvogel, aber auch nicht wie eine graue Maus. Zum Beispiel trage ich mit Vorliebe ausgefallene Hemden und farbige Sakkos. Liebend gerne ziehe ich knallige Socken an, die natürlich zur Farbe des Hemdes passen müssen. Jeder hat so seinen Tick, Sie doch auch, oder nicht?

Am wichtigsten jedoch sind mir meine Schuhe. Warum ist das so? Nun, das war nicht immer so, sondern es entwickelte sich im Laufe der Jahre. Vielleicht auch unbewusst, da ich mich immer wieder an einen Satz meiner Großmutter zurückerinnerte: »Schuhe machen Leute.« Den Spruch musste ich mir einmal anhören, als ich mit ausgelatschten Quanten bei ihr zu Besuch war. Nun, sie hatte recht. Erstens ist das sehr unschön und sieht ungepflegt aus, und zweitens macht es eben keinen guten Eindruck beim Gegenüber. Irgendwann, als ich dann im Geschäftsleben immer häufiger auf Kunden traf und tägliche Kontakte hatte, machte ich mir zunehmend darüber Gedanken, wie ich bei meinem Gegenüber ankomme. Ich wollte natürlich einen guten Eindruck hinterlassen. Also achtete ich immer darauf, welchen Schuh ich zu welchem Anlass trage. Ich fühlte mich einfach gut. Heute bevorzuge ich ausgefallene Schuhe der Marke Melvin & Hamilton. Die Schuhe sind in den Jahren auch zu meinem Markenzeichen geworden. Meine Schuhe haben mir schon oft als Einleitungsgespräch bei meinen Kundenterminen geholfen.

Ein weiterer Punkt meiner Ausstrahlung ist der positive Effekt durch das Treiben von Sport. Ich fühle mich stark, schön und unwiderstehlich. Das bin ich natürlich nicht, aber ich fühle mich teilweise so. Zusammen mit der Kleidung gibt es mir eine gewisse Sicherheit und Lässigkeit, die in meiner Ausstrahlung sichtbar wird.

Es hört sich vielleicht etwas übertrieben, geschwollen und überheblich an, Fakt ist jedoch, dass ich mich persönlich in dieser Kombination gut fühle und dadurch eine positive Ausstrahlung auf andere habe.

Sie können nun sagen: »Na ja, der ist ganz schön von sich überzeugt!« Ja, das mag in der Tat so sein. Und es gibt immer wieder Menschen/Kunden, die ich kennenlernen darf, bei denen meine Art nicht gut ankommt. Das spürt man dann auch. Teilweise sehe ich es an den Blicken der Menschen, wie sie mich ansehen und mustern. Oder mich ignorieren wollen. Es steht ihnen zu. Es kann nicht immer passen, und das ist vollkommen okay. Was tut man in solch einem Fall? Ich persönlich versuche, in solchen Momenten herauszufinden, was mein Gegenüber möchte – was ist er oder sie für ein Typ? Auf was steht der Mensch? Worüber spricht er oder sie gerne? Sie spüren dann relativ schnell, was für Wünsche Ihre Gegenüber hat. Versuchen Sie, sich dann anzupassen. Seien Sie einfach nicht mehr Sie selbst. Ob das gut ist? Nein, nicht unbedingt. Aber wenn es in der Situation hilft, dann ist es doch gut, oder nicht?

Es wird Ihnen nicht immer gelingen, und es werden Sie auch nicht alle Menschen mögen. Aber das muss auch nicht so sein. Das Wichtigste daran ist, dass Sie sich selbst gut. Dieses tolle Gefühl ist die Arznei und die Kraft für jeden neuen Tag, um diesen positiv zu beginnen und zu beenden.

Kraft tanken und ausdauernd werden

Wir alle kennen den sogenannten täglichen Stress.

Was ist Stress, beziehungsweise wie entsteht dieser, und was kann ich dagegen tun? Es sind oft die Kleinigkeiten, die uns täglich beschäftigen, uns Sorgen bereiten und müde machen. Nehmen wir doch einmal einen beliebigen Arbeitsplatz. Es genügt meist schon der bloße Anblick des unaufgeräumten Tisches, um Sorgen und Nervosität auszulösen. Wenn man es genau nimmt, ist es sogar noch viel schlimmer. Denn es weckt unangenehme, zum Stress führende Erinnerungen. Die vielen, vielen Dinge, die man noch tun müsste, für die man jedoch keine Zeit hat. Das alles kann Sie besorgt machen. Sie werden müde. Ärzte bescheinigen, dass man einen hohen Blutdruck und sogar Magengeschwüre bekommen kann, wenn man sich derart in etwas hineinsteigert.

NA KLAR:

Führen Sie Ordnung ein. In der Schule lernte man bereits den Satz: Ordnung ist das halbe Leben!

Bereits das Gefühl einer Verpflichtung kann der Grund einer organischen Erkrankung sein. Viele Menschen erleiden bereits dadurch einen Zusammenbruch. Das permanente Denken an Dinge, die noch zu erledigen sind.

Wenn möglich erledigen Sie kleine Dinge immer sofort

Ordnen Sie Ihren Alltag oder Arbeitstag etwas. In meinem Beruf als Koch musste ich lernen, rationell, schnell und sauber zu arbeiten. Am besten zwei Arbeitsschritte gleichzeitig. Wie meine ich das? Nun, zum Beispiel teilen Sie Ihren Arbeitsplatz nach Arbeitsabläufen ein. In meinem Beispiel sah das dann in etwa so aus:

Nehmen wir das Salatbüfett. Alle Salate müssen vorbereitet sein. Denn wenn die Bedienung in der Küche einen Salat bestellt oder ein Essen, bei dem ein Salat als Beilage mitgegeben wird, so muss dieser in kürzester Zeit zubereitet werden.

Punkt 1:

Vorbereitung. Überlegen Sie genau, was Sie benötigen, und bereiten Sie es vor. In meinem Fall sollten es fünf angemachte gemischte Salate sein, und auf dem Teller sollte der Blattsalat nicht fehlen. Dieser kann jedoch nicht vorbereitet werden, da die Blätter sonst in der Salatsoße zusammenfallen würden.

Punkt 2:

Salatsoße vorbereiten und den Blattsalat putzen, waschen und in einem Sieb abtropfen lassen.

Punkt 3:

Das wäre nun das Anrichten eines Salates bei eingehender Bestellung. Man nehme zunächst den Salatteller und richtet darauf von jedem der vorbereiteten fünf Salate ein wenig auf dem Teller kreisrund an. Danach folgt Handlung zwei – man gibt ein paar Blätter des gewaschenen Blattsalates in die vorbereitete Salatsoße. Kurz durchgeschwenkt kommen diese dann in die Mitte des Tellers.

Ergebnis: ein in einer Minute angerichteter, frischer Beilagensalat, der durch den Service zum Gast gebracht werden kann.

Ein anderes Beispiel wäre ein Arbeitsplatz am Fließband. Wie wir wissen, laufen die Gegenstände, an denen gearbeitet werden soll, auf dem Band in einer gleichbleibenden Geschwindigkeit vor einem vorüber. Nehmen wir ein Teil, in das drei verschiedene Schrauben eingedreht werden sollen.

Die erste Schraube ist eine Schlitzschraube, die links seitlich eingedreht werden soll. Die zweite eine Kreuzschlitzschraube in der Mitte und die dritte eine Sternschraube seitlich rechts.

Frage: Wo liegen Ihre Schrauben am Arbeitsplatz, damit eine schnelle Entnahme und Handhabung möglich ist? Das war nicht sehr schwer, oder? Jedenfalls liegt die Sternschraube nicht links unten, nehme ich an. Ich denke, das Prinzip ist jetzt verständlich. Denn genauso verhält es sich auch in unserem täglichen Leben. Jeden Morgen, den ganzen Tag bis zum Abend und zum Schlafengehen. Organisieren Sie sich bestmöglich, und erledigen Sie alle kleinen Dinge immer sofort. Einfache Dinge aufzuschieben, wie das Leeren des Briefkastens oder das Öffnen Ihrer Briefe, kann im schlimmsten Fall dazu führen, dass sich diese Ereignisse häufen und dadurch Verzögerungen entstehen, die wiederum weitere negative Auswirkungen haben können. Erledigen Sie Kleinigkeiten deshalb sofort. Eine E-Mail sollte nicht fünf Tage unbeantwortet in Ihrem Postfach sein. Genauso wenig wie Sie einen Rückruf erst drei Tage später ausführen sollten oder Sie bei einer Verabredung erst zwei Minuten vorher absagen. Hier gilt auch das alte Sprichwort: ›Was du heute kannst besorgen, das verschiebe nicht auf morgen.‹

NA KLAR:

Denn je mehr Dinge Sie liegen lassen, umso mehr sammelt sich der »Müll« in Ihrem Kopf an. Das bremst und hindert beim Gas geben!

Kapitel 6 – Auf ein Neues!

Ich startete also abermals durch. In meinem neuen Job als Key-Account-Manager war ich relativ schnell sehr erfolgreich. Der Umgang mit den Kunden gefiel mir, und das Reisen war auch ein Stück Freiheit, das ich als sehr angenehm empfand.

Nun, getreu meinem Motto »Gas geben« habe ich mich organisiert, und dank der perfekten Einarbeitung durch einen Kollegen, zu welchem ich einen guten Draht hatte, habe ich schnell herausgefunden, worauf es in diesem Job ankommt.

Ich schmiedete einen Plan. Dazu habe ich mir einen Fragenkatalog erstellt und diesen nach und nach beantwortet und der Priorität nach abgearbeitet. Dabei habe ich nicht nur meine persönlichen Ziele und Interessen berücksichtigt, sondern auch die meines Arbeitgebers. Warum? Für mich war klar, wenn ich für meinen Arbeitgeber erfolgreich bin, dann kann ich auch persönlich erfolgreich werden.

Mein Fragenkatalog war recht umfangreich, daher möchte ich hier nur einen Auszug aufführen:

- Was möchte mein Arbeitgeber? Antwort: Umsatzsteigerung/Rendite
- Wie kann ich das erreichen? Antwort: Fleiß und Ausdauer
- Was muss ich dafür tun? Antwort: mindestens 15 Kundenbesuche pro Woche
- Wie kann ich das erreichen? Antwort: Kaltakquise per Telefon
- Welche Kundenzielgruppe? Antwort: Potenzialkunden mit mehr als 10.000 Euro Umsatz jährlich

- Welche Kontakte habe ich? Antwort: aus der Adressdatenbank filtern und selektieren
- Wie organisiere ich mich? Antwort: Aufgabenmanager

Und so weiter und so weiter.

Nach der Auswertung und Optimierung meiner Antworten habe ich mir einen Zeitplan und Etappenziele erstellt.

Nach circa zwei Jahren Aufbau und Akquise habe ich die beruflichen Ziele erreicht.

Der nächste Schritt war die Karriereleiter. Im vierten Arbeitsjahr waren mir die Einkünfte beziehungsweise die Möglichkeit, mehr Einkommen zu erlangen, zu gering. Ich kam nicht mehr weiter. Das bedeutete für mich, mir einen neuen Plan für meine persönliche Zukunft aufzustellen. Was ich dann auch tat. Ich habe ein Gespräch mit dem Geschäftsführer gesucht, um meine Wünsche als auch die aktuelle Situation anzusprechen, in der Hoffnung auf eine positive Antwort und eine Lösung. Leider konnte man mir zu diesem Zeitpunkt keine Option in Aussicht stellen. Alle Führungspositionen waren besetzt und sollten nicht verändert werden.

Da ich derzeit noch fast zwanzig Arbeitsjahre vor mir hatte, traf ich eine Entscheidung und begab mich auf die Suche nach einer neuen Herausforderung.

Denn eines war mir zu diesem Zeitpunkt klar: Mein Ziel, erfolgreich als Führungskraft tätig zu sein und einen entsprechenden Gehaltsschritt nach oben zu machen, war noch lange nicht erreicht.

Lösungen finden

Es wird immer jemanden an Ihrer Seite geben, der Ihnen Ratschläge gibt oder gut zuspricht. Gute Freunde sind Gold wert, wenn es um Ratschläge und Meinungen geht. Egal ob es Probleme sind, die gelöst werden müssen, oder Krankheiten, die das Leben so mit sich bringt, oder aber im beruflichen Alltag auftretende Situationen, die es zu durchleuchten gilt.

Sicher ist jedenfalls eines: Sie selbst müssen dann Ihre Entscheidung treffen und letztlich die Lösung durchsetzen, wenn diese auch gemeinsam gefunden wurde. Je mehr Freunde Sie haben, die Ihnen zuhören, die Sie begeistern können und die ehrlich zu Ihnen sind, umso mehr Begeisterung und Motivation werden Sie spüren und entsprechend erfolgreich in Ihrem Leben umsetzen.

Wie schwer ist es, eine gute Lösung zu finden? Ist die Lösung, die wir finden, überhaupt die richtige Lösung?

Natürlich gibt es auf diese Fragen keine Pauschalantworten. Es kann Ihnen auch keiner eine Garantie für ein Gelingen geben. Jedoch sollten Sie es einmal damit versuchen, eine mögliche Antwort auf diese Fragen zu notieren und darüber nachzudenken. Letztendlich ist das Ergebnis das, was Sie selbst wollen und wovon Sie überzeugt sein sollten. Haben Sie auch nur geringe Zweifel daran, dann sollten Sie die Antwort nochmals überdenken und gegebenenfalls neu formulieren.

Der falsche Weg jedenfalls ist der, nichts zu tun. Jedes Problem, das Sie mit sich herumtragen, belastet Sie. Und jede Belastung ist eine Einschränkung. Es geht Ihnen dadurch Lebensqualität verloren.

Wie löse ich meine Probleme:

1. Notieren Sie sich das Problem

Es ist wichtig, das Problem beim Namen zu nennen und dieses greifbar zu machen. Schreiben Sie alles auf, was Ihnen dazu einfällt: warum, weshalb, wer mit wem, wie oft etc.

2. Sammeln und notieren Sie Lösungsmöglichkeiten

Notieren Sie jeden Einfall und lassen Sie nichts aus. Notieren Sie auch Möglichkeiten, die sich zunächst nicht gut anhören. Spielen Sie mit Ihren Gedanken und nehmen Sie auch gerne Ratschläge anderer mit in Ihre Überlegungen auf. Vielleicht suchen Sie auch nach dem Problem im Internet. Googeln Sie einmal danach. Bestimmt findet sich die eine oder andere Anregung, die Sie dann ebenfalls gleich notieren sollten.

3. Abwägen der Vorschläge

Hier kommt wieder das Adenauer-Kreuz zum Tragen. Wägen Sie die Vorteile und die Nachteile Ihrer Lösungen ab. Kennzeichnen Sie diese einfach mit einem Plus oder mit einem Minus.

4. Entscheidung treffen und abwägen

Nach der Sortierung gilt es, eine Entscheidung zu treffen und abzuwägen, welche Lösungen die besten sind. Überlegen Sie sich dann den ersten Schritt in die Lösungsrichtung. Und wenn es nur der ist, morgen damit zu beginnen. Notieren Sie sich kleine Etappenziele. Nicht gleich alles auf einmal und sofort haben wollen. Kleine Schritte sind notwendig, um das große Ganze erreichen zu können.

5. Kontrolle

Schauen Sie in regelmäßigen Abständen, mindestens jedoch alle vier Wochen, ob Sie Ihrer Lösung bereits etwas näher gekommen sind. So können Sie die Fortschritte einfach überprüfen. Wenn ja, dann gehen Sie gleich zum nächsten Schritt über. Wenn Sie mit nein antworten, dann fragen Sie sich, was Sie am weiterkommen gehindert hat.

Dieser Prozess des Notierens ist sicherlich nicht der einfachste Weg, eine Lösung zum Problem zu erhalten, und hört sich sehr aufwendig und technisch an. Doch bewährt hat er sich bereits des Öfteren.

Der Vorteil des schriftlichen Vorgehens liegt jedoch darin, dass dadurch der Kopf anschließend freier ist und Sie wieder klarere Gedanken fassen können. Klären Sie Probleme und Unannehmlichkeiten sofort. Ein Aufschub bedeutet immer weniger Ressourcen in Ihren Gedanken, und das führt langfristig zu einer Blockade.

Ein Blick zurück

Während dieser Lesephase ist der Alltag nicht spurlos an Ihnen vorübergezogen. Gab es Momente in dieser Zeit, in denen Sie bewusst Handlungen geändert haben? Oder haben Sie während der Arbeit oder im Gespräch mit Freunden an bestimmte Stellen im Buch gedacht oder gar ein Zitat einfließen lassen?

Dann haben Sie bereits den ersten Schritt getan, um an Ihrem Erfolg und an Ihren Zielen zu arbeiten.

Ich möchte an dieser Stelle noch einmal ein paar Jahre zurückspringen. Und zwar in die Zeit direkt nach dem Konkurs meiner ersten Firma. Eine Zeit, in der ich als Verkäufer viel lernen konnte.

Mein Mentor war damals Herr Heinz H. E. Damis. Ich erinnere mich sehr gut an meine Zeit als Junior-Key-Account-Manager und an das Jahr 1990. Als Verkäufer von Kopier- und Telefaxgeräten arbeitete ich in einem regionalen Unternehmen, das in diesem Bereich sehr bekannt und erfolgreich war. Wir Verkäufer durften an verschiedenen Kursen und Seminaren teilnehmen. In dieser Zeit lernte ich Herrn Damis kennen, welcher bei mir einen bleibenden Eindruck hinterließ. Bis heute.

Ich erinnere mich noch sehr genau an diesen ersten Schulungstag in unserem Unternehmen. Meine Kollegen und ich kamen in die Firma, und wir machten uns pünktlich (fünf Minuten vor der Zeit) auf den Weg zu unserem Besprechungsraum. Auf dem Flur hörten wir die laute Musik, die aus dem Meetingraum drang.

Dort angekommen nahmen wir zunächst wortlos unsere Plätze ein, während Herr Damis uns mit lauter Stimme und sichtlich guter Laune begrüßte.

Es lief *Jump* von Van Halen. Diese Situation prägte mein Leben. Ja, in der Tat hat mich diese Art der positiven Motivation so stark beeindruckt, dass ich fast dreißig Jahre danach noch immer jedes einzelne Detail dieser Begegnung habe. Jedoch nicht nur die Begeisterung, sondern auch die Art der Kommunikation dieses Mannes hat mir so dermaßen imponiert, dass ich ihn bis heute meinen Mentor nenne.

Ich könnte über einige Momente berichten, die mich damals wie heute noch begeistern, doch was ich Ihnen mitgeben will, ist, dass es manchmal nur eine Kleinigkeit ist, die uns und unseren Lebensweg positiv verändern kann.

An dieser Stelle möchte ich mich bei Herrn Damis für diese wundervolle Erfahrung herzlich bedanken und Ihm weiterhin alles erdenklich Gute wünschen.
Sie werden nicht alles umsetzen, was ich Ihnen aufzeige, Sie werden auch in vielen Punkten nicht einer Meinung mit mir sein. Das müssen Sie auch nicht. Einer der

Trainer und Coaches, die ich bisher kennenlernen durfte, brachte es meiner Meinung nach genau auf den Punkt. Er sagte zu mir, als ich ihn ungläubig und streng ansah: »Ich kann es an Ihrem Gesichtsausdruck erkennen, dass Sie mir in diesem Fall nicht zustimmen! Ist das korrekt?«

»Ja, ich halte das für den falschen Weg«, war meine Antwort.

»Damit haben Sie bestimmt nicht unrecht, gleichwohl Sie mir bestimmt recht geben, wenn ich sage, dass es in vielen Fällen jedoch ein möglicher Weg sein kann?«

»Ja«, antwortete ich.

»Sehen Sie? Das ist das, was ich meine. Sie werden sich nicht mit allen meinen Worten und Meinungen anfreunden oder diese gar akzeptieren und anwenden. Das sollen Sie auch nicht. Nehmen Sie nur das mit, wobei Sie ein gutes Gefühl haben. Auch wenn es nur einen einzigen Punkt gibt, den Sie für sich nutzen können, dann hat es sich doch bereits gelohnt.«

Genau dieser letzte Satz hat mich beeindruckt, und ich stimme ihm bis heute uneingeschränkt zu. Ich besuchte in den letzten dreißig Jahren sehr viele Seminare, Schulungen, Vorträge und Trainings. Es gab einige Veranstaltungen, aus denen ich nichts mitgenommen habe. Nein, ich möchte es anders formulieren: bei denen ich keine neuen Kenntnisse erlangt habe, sondern nur hörte, was ich bereits wusste. Das kann auch passieren. Aber es gab andererseits sehr viele, bei denen ich mir neue Anregungen holte, Ideen bekam und umsetzte, Sätze und Zitate hörte, die mich nachdenklich stimmten, und vieles, was ich mir notiert habe, damit ich diese Worte immer und immer wieder lesen konnte, weil sie für MICH gut waren.

NA KLAR:

Das ist das, was ich Ihnen mitgeben möchte. Nehmen Sie das mit, was Sie gut finden, womit Sie sich identifizieren können. Nehmen Sie das mit, was Ihnen wichtig erscheint!

Genau so wie ich eine Situation, die es vor fast dreißig Jahren gab, bis heute positiv in Erinnerung behalten habe und die mir persönlich auf dem Weg zum Erfolg wichtig war und heute noch ist.

»Denke positiv, und wenn du den Eindruck hast, dass dieses Leben ein Theater ist, dann such dir eine Rolle aus, die dir wirklich Spaß macht.«

William Shakespeare (1564–1616)

Was wollen wir wirklich?

Zu diesem Thema habe ich im Internet eine Seite gefunden, die ich sehr gut finde. Ein kostenloser Selbsttest verrät uns alles über unsere Selbsteinschätzung, unsere Wünsche, und wir erhalten ein Ergebnis über unseren tatsächlichen Zustand. Was wollen wir im Leben wirklich?

Quelle: www.vernuenftig-leben.de

Herauszufinden, was man selbst wirklich will – dafür gibt es viele verschiedene Möglichkeiten. Z. B.unzählige Vortragsangebote und Seminare, und auch das Internet bietet eine Unmenge an Seiten an. Hier kann man weitere Tests durchlaufen, der inneren Stimme folgen, Ratschläge beachten und zu sich selbst finden.

In der Tat kann ich Ihnen diese Frage auch nicht beantworten, denn ich kenne

Sie nicht. Nur Sie selbst können sich diese Frage beantworten und dann Ihren eigenen richtigen Weg gehen.

Vielleicht hilft ja auch dieses Buch ein wenig dabei, eine Richtung zu finden. Das würde mich sehr für Sie freuen.

Nun möchte ich Ihnen noch ein paar Tipps zu folgenden Themen geben:
- Wie gehe ich mit Stress um, und wie kann ich Stress abbauen?
- Wie stoppe ich mein Gedankenkarussell?
- Wichtige Schritte zur Selbstkontrolle.
- Wie stärke ich mein Selbstvertrauen?

Bevor wir uns diesen wichtigen Themen widmen, möchte ich Ihnen noch gerne den Ausgang meiner Karriere vorstellen:

Wer bin ich – Teil 4

Der Aufstieg in die Führungsebene war also das nächste Ziel, das ich mir gesetzt hatte. Im Voraus kann ich Ihnen schon verraten, dass das eines meiner schwersten Ziele war, die es zu erreichen galt, und auch heute noch ist. Warum? Das werde ich Ihnen in den nächsten Zeilen etwas näher beschreiben.

Nach reiflicher Überlegung, Abwägungen, Plus und Minus, Pro und Kontra hatte ich mich entschieden zu kündigen. Auf meine Bewerbungen meldeten sich viele Unternehmen, und so wurde ich innerhalb kürzester Zeit fündig. Ein Job als Abteilungsleiter bei einem renommierten IT-Unternehmen sprach mich an, und nach zwei Vorstellungsgesprächen wurden wir uns schnell einig.

Meine Entscheidung stand fest, und die Bedingungen waren hart. Warum?

Nun, das Unternehmen hatte seinen Sitz in Dillingen an der Donau, über zweihundert Kilometer weit weg von meinem Zuhause in Keltern. Ich war gerade erst wieder eine Partnerschaft mit meiner Frau aus erster Ehe eingegangen und mit ihr zusammengezogen. Wie sollte das nun gehen? Da unsere Kinder bereits auf eigenen Füßen standen und nicht mehr im Haushalt lebten, sprachen wir mehrfach darüber und zogen sogar einen möglichen Umzug nach Bayern in Betracht.

Es war besiegelt und entschieden. Ich suchte mir ein Zimmer in unmittelbarer Nähe zur neuen Arbeitsstelle und startete zum 1. Dezember.

Ich arbeitete täglich von früh bis spät. Keine Bekannten, ein ödes Zimmer, in dem man sich nicht wohlfühlen konnte, und sonst nichts zu tun zu haben, machten das Arbeiten einfach. Ich stürzte mich regelrecht in die Arbeit, und der neue Aufgabenbereich als Abteilungsleiter für Storage- und Bandlaufsysteme gefiel mir anfangs sehr gut.

Schnell stellte ich fest, dass es Unterschiede gab zwischen dem, was ich am Arbeitsplatz vorfand, und dem, was mir in Gesprächen zuvor vorgestellt worden war. Bereits nach kurzer Zeit wurde mir klar, dass die Vorstellungen der Geschäftsleitung nicht mit dem Bild, das sich mir bot, übereinstimmten.

Parallel dazu habe ich die Bücher studiert und geprüft. Dabei fiel mir auf, dass die darin aufgeführten Zahlen wie Umsatz, Warenbestand und Kundenanzahl drastisch voneinander abwichen.

Ein weiteres Thema wurde für mich zu einem Problem. Die in den Vorgesprächen angekündigten, mir zugeteilten Mitarbeiter gab es nicht mehr, oder sie waren kurz nach Beginn meiner Tätigkeit nicht mehr verfügbar, da sie ohne mein Wissen bereits gekündigt hatten.

Hier war nicht nur ein bisschen Sand im Getriebe, sondern ein ganzer Sandkasten. Lange Rede, kurzer Sinn: Ich habe nach circa sechs Wochen und mehreren Gesprächen mit der Geschäftsführung den Entschluss gefasst zu kündigen. Unter diesen Voraussetzungen war eine positive Geschäftsbeziehung nicht möglich.

Ich kündigte mein Einzimmerappartement und bewarb mich auf ein Neues auf verschiedene vakante Positionen im Sales-Bereich, vornehmlich in der IT-Branche, da ich dort bereits viel Erfahrung sammeln konnte.

Von dieser Situation hatte auch mein ehemaliger Chef und Geschäftsführer des Betriebes, in dem ich drei Monate zuvor gekündigt hatte, Wind bekommen und kontaktierte mich unverhofft. Zwischenzeitlich hatte sich dort eine Möglichkeit für mich ergeben, die zum damaligen Zeitpunkt nicht vorhersehbar gewesen war. Es wurde eine Position frei, in der ich großes Entwicklungspotenzial für mich erkannte. Bei einem gemeinsamen Frühstück und einem sehr angenehmen Gespräch war die Entscheidung schnell getroffen. Ich kehrte wieder zurück.

So kam es, dass ich nach drei Monaten Auszeit wieder im alten neuen Unternehmen, zunächst als Senior-Key-Account-Manager, einen neuen Aufgabenbereich erhielt und durchstarten konnte. Es wurde ein neuer Produktbereich aufgenommen, den ich aufbauen sollte. Diese Aufgabe gefiel mir sehr, und ich war damit innerhalb der nächsten zwei Jahre äußerst erfolgreich. Im weiteren Verlauf standen im Unternehmen Veränderungen an. Die Geschäftsleitung plante, die bisherige Vertriebsstruktur neu aufzustellen, und ich sah für mich eine neue Chance. Mein lang anvisiertes Ziel auf eine Führungsposition war für mich daher in greifbarer Nähe. Ich arbeitete Konzepte aus und machte der Geschäftsleitung Vorschläge zu möglichen Veränderungen, die sich positiv auf die Unternehmensentwicklung auswirken würden.

Zu dieser Zeit verließ unser bisheriger Leiter im Außendienst das Unternehmen, und mir wurde diese Position angeboten. Wow, das war für mich eine tolle Erfahrung und zugleich eine sicherlich auch nicht einfache Herausforderung, die ich jedoch sehr gerne angenommen habe.

Ziel erreicht!

Wie Sie sich aber sicherlich denken können, war das für mich ja nur ein Etappenziel! Mein Ziel zur Führungskraft war jedoch die Position des Gesamtvertriebsleiters.

Heute weiß ich, dass ich ohne meinen Ehrgeiz, meinen Fleiß, mein Wissen und meinen Willen nicht in diese Position gekommen wäre. Es hat sich ausgezahlt, Gas zu geben.

Im Verlauf der nächsten zwei Jahre wurde unter anderem ein externer Personalberater beauftragt, das Unternehmen und die bisherige Struktur unter die Lupe zu nehmen und Vorschläge zur Optimierung zu unterbreiten. Am Ende der über einjährigen Ausarbeitung des Beraters wurden dann Entscheidungen getroffen, welche für mich glücklicherweise das Ziel meiner beruflichen Karriere bedeuteten. Mir wurde der Job des Gesamtvertriebsleiters angeboten. Nach knapp vier Jahren Engagement, Einsatz und nachweislichen Erfolgen war es nun endlich so weit. Ich hatte mein Ziel erreicht, und ein Lebensabschnitt als Führungskraft mit einem Team von fast zwanzig Vertriebsmitarbeitern wartete auf mich. Eine weitere Aufgabe lag vor mir. Und wieder begann ich zu organisieren, zu planen, mir Fragen zu stellen und Etappenziele zu setzen. Ich hatte nun mein Ziel erreicht und das nächste bereits festgelegt. So weit, so gut. Muss es denn immer so sein? Muss man sich denn immer und immer wieder neue Ziele setzen. Muss ich denn immer Gas geben? Oder kann ich auch mal auf die Bremse treten?

Diese Fragen sollten Sie sich in der Tat selbst stellen und für sich persönlich entscheiden.

Wie man an meinem persönlichen Beispiel sieht, mangelt es also nicht an Chancen für einen beruflichen Erfolg. Perspektiven im beruflichen oder privaten Umfeld wird es immer geben. Die Herausforderung eines jeden Einzelnen von uns besteht jedoch darin, seine Möglichkeiten zu erkennen und die Gelegenheit zu nutzen. Greifen auch Sie nach den kleinen Dingen im Leben, von denen man nie weiß, ob sich dahinter nicht etwas Großes verbirgt.

Getreu dem Motto des Philosophen Sir Francis Bacon (1561–1626):

»Ein Kluger wird sich mehr Gelegenheiten schaffen, als sich ihm bieten.«

Sei stolz auf das, was du hast

Ich rate Ihnen nicht, von einem Ziel zum nächsten zu planen, sondern erzähle über mich und meine Lebensentwicklung und die dabei erlangten Erkenntnisse.

Aber denken Sie doch auch einmal an das, was Sie haben. Ich habe beobachtet und auch teilweise bei mir persönlich festgestellt, dass ich oft darüber spreche oder darüber nachdenke, was mit fehlt beziehungsweise was ich gerade nicht habe. Banale Dinge wie zum Beispiel einen kleinen Teich im Garten oder ein neues Bett. Oft denke ich an den Urlaub im Süden unter Palmen am Meer. Wir Menschen sind eben so. Wir trachten nach immer mehr, nach immer Schönerem und Größerem. Wenn es das nächste Mal wieder so ist, dann gehen Sie einmal in sich und betrachten die Situation von einer anderen Seite – von der positiven Seite. Vielleicht liegen Sie gerade auf Ihrer Couch vor dem Schwedenofen und lesen ein Buch, vielleicht verabreden Sie sich gerade zu einem Abendessen beim Italiener. Möglicherweise sitzen Sie gerade auf Ihrem neuen Fahrrad und genießen die Fahrt durch die Wälder und Wiesen. All das haben Sie bereits erreicht, und es gehört Ihnen. Erfreuen Sie sich daran und bauen Sie darauf auf. Das Streben nach mehr ist nichts Außergewöhnliches und auch löblich. Doch schätzen Sie das, was Sie bereits erreicht haben.

Ich hatte Ihnen auf einer der letzten Seiten versprochen, auf weitere Themen einzugehen. Ich möchte mit diesem Punkt beginnen:

Wie stoppe ich mein Gedankenkarussell?

Das Gedankenkarussell kennt sicherlich jeder von uns. Sie liegen im Bett und kommen einfach nicht in den Schlaf. Sie grübeln über etwas nach und zermartern sich das Gehirn. Sie beschäftigen sich mit etwas, das nicht mehr aus Ihrem Kopf gehen möchte. Aber auch tagsüber wollen diese Gedanken nicht verschwinden. Sie belasten Sie und stören Ihre Konzentration auf der Arbeit, aber auch in der Freizeit tauchen diese Gedanken immer wieder auf. Diese unschönen Attacken hat jeder von uns mal mehr und mal weniger stark schon selbst erlebt. Was hilft? Was kann man tun? Was sind die Ursachen?

Das können verschiedene Auslöser sein. Beispielsweise ein Ereignis wie eine Trennung, eine Auseinandersetzung, finanzielle Probleme oder eine Erkrankung, Streit, Sehnsucht und vieles mehr.

Diese negativen Emotionen belasten uns und drängen sich in unsere Gedanken.

Die Belastung wird immer größer, und die Gedanken kehren immer häufiger zurück und lassen uns nicht mehr los. Dies kann wiederum zu weiteren Störungen führen, wie Schlaflosigkeit, permanenter Unzufriedenheit, Missstimmung und schlechter Laune, auch zu Konzentrationsschwierigkeiten oder Unwohlsein. In schlimmen Fällen kann es sogar zu Lähmungserscheinungen und zur Handlungsunfähigkeit kommen wie ich es in meinem persönlichen Umfeld miterleben konnte.

Ich kenne das aus verschiedenen Phasen meines Lebens, wie bereits berichtet. Gerne war dann der Alkohol mein bester Freund oder die Beruhigungstablette.

Jeder Mensch reagiert anders. Was bei mir ein Gedankenkarussell auslösen kann, muss bei jemand anderem gar nichts bewirken. Aber wenn es mich ergreift, was kann ich dann tun? Das habe ich mich immer und immer wieder gefragt. Ich habe viel darüber gelesen und bin zu folgendem Entschluss gekommen:

NA KLAR:
Eine endgültige Abhilfe für das Gedankenkarussell gibt es nur dann, wenn das Problem oder die Situation im positiven Sinne behoben werden kann.

Hilfreich kann auch sein, wenn Sie Ihre Einstellung zu einer Situation ändern oder sich ablenken. Das Ablenken habe ich sehr oft praktiziert. Es hilft jedoch nur zeitweise und behebt das eigentliche Problem nicht.

Natürlich gibt es Situationen im Leben, die wir nicht ändern oder beeinflussen können. Deutlich gesagt hilft es dann auch nicht, darüber zu grübeln, sondern die Situation so hinzunehmen und zu akzeptieren. Ende, aus, und weiter geht es. Hört sich krass an, ist aber so und kann helfen. Gehen Sie etwas Neues an. Vergessen Sie, was war.

Aus meiner persönlichen Sicht und Erfahrung heraus kann ich sagen, dass das funktioniert. Ich habe Dinge erlebt, an denen ich im Nachhinein nichts mehr ändern konnte. Die Gedanken an diese Situationen kamen jedoch immer wieder. Doch ich grübele heute nicht mehr darüber. Ich habe es akzeptiert und mich damit abgefunden. Mist. Einfach schlecht gelaufen. Stellen Sie sich der Situation. Fakt ist, es geht weiter.

Eine andere Möglichkeit, dem Grübeln ein Ende zu setzen, ist – gehen Sie das Thema an. Überlegen Sie sich eine Lösung. Auch wenn Ihnen die einzige Lösung schwerfällt. Oder aber wenn es mehrere Möglichkeiten gibt, wägen Sie ab. Das Wichtigste ist, dass Sie es angehen und etwas tun.

Denn wenn Sie sich der Situation nicht stellen, können Sie in der Tat daran zugrunde gehen.

Ich habe im Internet einige Übungen gefunden, die kurzfristig halfen und mich zeitweise wieder schlafen ließen. Doch um die negativen Gedanken endgültig zu verbannen, müssen Sie sich der Situation unbedingt stellen.

Bleiben Sie nicht im Bett liegen und ziehen sich die Decke über den Kopf. Das ist genau das, was Ihnen nicht dabei helfen wird, das Gedankenkarussell abzustellen. Räumen Sie auf. Ja genau, im Sinne von: Sortieren Sie Ihre Gedanken und ordnen Sie diese ein. Sinnbildlich in Schubladen. Nehmen Sie Ihren Gedanken, wie zum Beispiel den an eine Krankheit, und legen Sie ihn in eine imaginäre Schublade und verschließen ihn darin. Damit wird die Krankheit nicht besiegt sein, aber für den Moment vielleicht aus Ihren Gedanken verschwinden. Sie sollten jedoch irgendwann die Schublade öffnen und an die Arbeit gehen, sich der Erkrankung stellen und etwas tun.

Eine weitere Lösung ist, etwas Neues zu beginnen.

Die richtige Umsetzung ist entscheidend.

Mit wem tauschen wir unsere Gedanken aus? Ob nach einem Gedankenkarussell oder einfachen Fragen, die uns das tägliche Leben bringt, beruflich oder privat – wie gehen wir vor? Haben wir einen Plan oder Ideen?

Nehmen wir einmal an, wir setzen uns gemeinsam mit Kollegen in einen Besprechungsraum und lassen unsere Gedanken zu einem Thema kreisen. Ein sogenanntes Brainstorming. Hierbei geht alles. Jede Art von Idee oder Ratschlag ist dabei von Interesse und wird zunächst in einen Topf geworfen beziehungsweise auf ein Flipchart geschrieben. Bestimmt kennen Sie diese Vorgehensweise und haben Sie auch bereits praktiziert. Hierbei ist das Ziel, möglichst viele Ideen der Teilnehmenden zu erfahren, um so zu konkreten Vorschlägen zu gelangen. Aber erst was danach stattfindet, entscheidet über den Erfolg des Brainstormings.

Die Umsetzung.

Denn erst das, was wir aus den gesammelten Ideen machen und vor allem wie wir das machen, ist maßgebend für das spätere Gelingen. Es braucht wieder, wie bereits mehrfach von mir erwähnt, eine Ordnung, ein System, eine Planung und eine zielstrebige schnelle Handlung und Umsetzung.

Ich raufe mir immer wieder die Haare, wenn ich Meetings verfolge, in denen stundenlang Ideen kreiert, Probleme besprochen und Anregungen gefunden werden, und danach? Ja, vielleicht gibt es sogar noch ein Protokoll nach dem Meeting für alle Anwesenden. Und dann? Die meisten besprochenen Punkte verlaufen im Nichts. Kein Wer, kein Wie, und vor allem kein Wann wird festgelegt. Ich sage dazu immer etwas sarkastisch: »Schön, dass wir darüber gesprochen haben.«

So sollten Sie es jedenfalls nicht machen. Sparen Sie sich diese Zeit und gehen etwas Gutes essen oder lesen Sie ein paar Seiten in einem Buch. Davon haben Sie definitiv viel mehr.

Beachten Sie unbedingt die Vorgehensweise nach einem Meeting und legen Sie konkrete Schritte fest. Welches Ziel wird verfolgt? Wer macht etwas? Was macht er oder sie? Wann beginnt er oder sie damit? Bis wann ist die Aufgabe erledigt? Und was sind die weiteren Schritte oder Maßnahmen?

Gehen Sie strikt danach vor und kontrollieren Sie die Etappen. Greifen Sie sofort ein, wenn es bei den festgelegten Punkten Abweichungen gibt.

Nur so kann ein gutes Ergebnis entstehen.

Sorgen und quälende Gedanken

Jeder macht sich Gedanken über dies und das. Sowohl private als auch berufliche Gedanken begleiten uns ständig. Was tun diese Gedanken mit uns? Welche Auswirkungen können sie auf mich und mein Umfeld und auch auf meinen Körper haben? Nicht nur ich habe mir in meinem Leben immer und immer wieder Gedanken und Sorgen gemacht. Das liegt in der Natur des Menschen und lässt sich nicht vermeiden. Teilweise ist es sogar gut so. Denn es zeigt, dass ich mich mit einem Thema befasse und es mich beschäftigt.

Passen Sie aber bitte auf, dass Ihre Sorgen und Gedanken Ihnen nicht die Freude am Leben nehmen oder Sie gar gesundheitliche Probleme bekommen und Ihr Wohlbefinden dadurch negativ beeinflusst wird.

Der Mensch hat eben die Fähigkeit, im Voraus zu denken. Wir planen so ziemlich alles. Unseren Urlaub, den Speiseplan, unseren Sportkalender oder regelmäßige Besuche bei Freunden. Ganz zu schweigen von beruflichen Gedanken und geplanten Maßnahmen, die dort an der Tagesordnung sind. Wir Menschen können sogar noch viel mehr. Wir erschaffen uns Fabelwesen, fiktive Landschaften, unserer Fantasie sind keine Grenzen gesetzt. Wir planen Häuser, Städte, Regionen, und wir planen das Leben auf dem Mond.

Klar, dass wir uns dadurch auch Gedanken machen, vor denen wir Angst haben. Wir malen uns Schreckliches aus und versuchen im Vorfeld, dieses schon auszuschließen, bevor es überhaupt eingetreten ist. Diese Gabe, nämlich die Vorstellungsgabe, kann uns eben auch Kraft rauben durch Grübeleien und Sorgen.

Was sind Sorgen? Sorgen sind Gedanken, die wir uns um mögliche Situationen machen, die uns verletzen, uns schädigen oder eine Gefahr darstellen könnten. Ein Beispiel aus meiner persönlichen Erfahrung dazu ist, dass ich mir immer wieder ausgemalt habe, in meiner neuen Verantwortung als Führungskraft zu versagen. Dass ich den Vorstellungen der Geschäftsleitung nicht gerecht werden kann oder dass mich die Mitarbeiter als Vorgesetzten nicht akzeptieren und ich dadurch die Umsatzerwartung nicht erfülle. Sorgen, Gedanken und Grübeln waren die Auswirkung.

Was passiert in unserem Kopf, und was können wir dagegen tun?

Wenn wir uns eine mögliche gruselige Situation in der Fantasie vorstellen, reagieren wir so, als ob diese Situation bereits eingetroffen wäre. Die Problematik liegt jedoch nun darin, dass sich dies ja nur in unserem Kopf abspielt und wir somit keine Möglichkeit haben, das Problem zu lösen. Dadurch bringen wir uns und unseren Körper sehr oft in diesen angespannten und unangenehmen Zustand.

Nun fragen Sie sich doch einmal selbst: Können Sie mit Ihren Gedanken und Sorgen darüber, den Hund allein zu Hause gelassen zu haben, verhindern, dass er

Ihre Polstergarnitur auseinandernimmt? Oder ist es Ihnen möglich, durch Ihre Sorgen zu vermeiden dass Mitarbeiter, denen Sie unterstellen, Sie nicht zu akzeptieren, nächsten Monat kündigen? Oder können Sie durch Ihre Sorgen verhindern, dass Sie krank werden? Nein, natürlich können Sie das nicht.

Sollten wir uns jedoch nicht in bestimmten Situationen sorgen?

Klar ist, dass sich Sorgen zu machen vollkommen in Ordnung ist, solange wir dann auch handeln beziehungsweise etwas dagegen tun. Hilfreich kann das sein, wenn uns unsere Sorgen dazu beflügeln, Vorsorge zu treffen, wie zum Beispiel einen Treppenschutz aufzustellen, da wir befürchten, dass unser Kind die Treppe hinunterfallen könnte, oder wir an den Schränken und den Steckdosen einen Kinderschutz installieren, um Verletzungen zu verhindern.

Quälen Sie beruflich die Gedanken um mögliche Umsatzeinbrüche, könnte eine Vorsorge sein, sich durch einen eingeleiteten Automatismus regelmäßig eine Auswertung zukommen zu lassen, wenn sich bestimmte Parameter verschlechtern.

Wie kommen wir aus dem Sorgenkreisel? Wenn wir etwas ändern wollen, müssen wir wie immer etwas tun!

NA KLAR:
Hinterfragen Sie Ihre negativen Gedanken und Sorgen und ersetzen Sie diese durch zuversichtliche und angenehme Gedanken.

Sorgen sollten eine Vorsorge sein, dann sind sie vertretbar. Verbannen Sie möglichst die betrüblichen Gedanken, die Sie lähmen und auch gesundheitlich einschränken können.

Ich konnte mich nicht gänzlich davon lösen. Auch heute noch kommen diese

Gedanken schubweise zurück. Doch ich habe gelernt, damit umzugehen.

Drei Dinge, die es mir persönlich ermöglichen, Sorgen besser im Griff zu haben:

1.) Ich analysiere die Gedanken im Kopf und suche nach alternativen Auswegen.

2.) Ich mache mir Notizen und nehme mir dann bei Gelegenheit die Zeit aufzuschreiben, was ich tun möchte, um das Problem oder die Sorge zu beseitigen.

3.) Ich tue es. Ich mache mir definitiv nicht mehr wochenlang die gleichen Sorgen.

Gehen Sie aktiv mit Ihren negativen Gedanken um, und suchen Sie eine Lösung dafür, die angenehm ist.

Wie soll ich das denn machen? fragen Sie sich jetzt bestimmt.

Wie kann ich aus meiner Sorge über angehäufte Schulden positive Gedanken machen? Indem Sie sich zum Beispiel an den Tisch setzen, einen Stift und ein Blatt Papier in die Hand nehmen und Ihre finanzielle Situation detailliert aufschreiben. Dadurch erhalten Sie einen genauen Überblick, und es lassen sich mögliche Sparmaßnahmen erkennen oder Möglichkeiten, zusätzliche Einkommensquellen zu finden. Oder aber auch nur, um sich selbst klarzumachen: Stopp, jetzt reicht es! Ich möchte reduzieren, und nächstes Jahr soll alles erledigt sein. Machen Sie sich einen Plan, wie das aussehen könnte, und ...TUN SIE ES! Auch hier gilt: Geben Sie Gas, und stehen Sie nicht auf der Bremse.

Artet das Ganze nicht in Stress aus?, mögen Sie sich jetzt fragen. Möglicherweise schon. Aber auch das können wir in den Griff bekommen.

Wie gehe ich mit Stress um?

Eine pauschale Antwort auf diese Frage gibt es nicht. Es gibt zahlreiche Möglichkeiten und die unterschiedlichsten Situationen, aus denen sich der Stress erst entwickelt. Fakt ist jedenfalls, dass der Stress unserem Körper und unserem Geist nicht bekommt. Diese Belastung wirkt sich auf die physische und psychische Gesundheit aus. Das kann sich in vielen Dingen bemerkbar machen.

Nicht jeder Stress ist gleich gesundheitsschädigend. Vor allem ist es jedoch wichtig, sich möglichst keinem Dauerstress auszusetzen. Es sollten immer Erholungsphasen zwischen den gestellten Aufgaben liegen. Wenn Sie einer Dauerstressbelastung ausgesetzt sind, kann sich dies negativ auf Ihre Gesundheit und Ihre Leistungsfähigkeit auswirken. Davon hat bestimmt schon jeder gehört. Aber wie schätzen Sie sich selbst ein? Haben Sie darüber schon einmal nachgedacht?

Hinzu kommt, dass Angewohnheiten wie Rauchen, Alkoholkonsum, Tabletteneinnahme als auch fehlende oder mangelhafte körperliche Betätigung oder ungesunde Essgewohnheiten die Situation noch verschlechtern.

Ganz interessante Studien dazu habe ich im Internet unter www.uni-bielefeld.de gefunden. Im Internet finden Sie aufschlussreiche Informationen, die Ihnen bei der Stressvermeidung hilfreich sein können. Oder besser noch sprechen Sie mit dem Arzt Ihres Vertrauens, wenn Sie bereits Anzeichen dafür sehen, wie Nervosität, Konzentrationsschwierigkeiten, innere Unruhe, Schlaflosigkeit oder andauernde Müdigkeit. Das sind nur ein paar Symptome, auf die Sie achten sollten. Nehmen Sie bewusst Ihre Lebenssituation wahr und hören Sie in sich hinein. Stellen Sie fest, dass etwas anders oder auffälliger als sonst ist, scheuen Sie sich nicht, einen Arzt zurate zu ziehen.

Für mich persönlich war Stress lange Zeit nur ein unbekanntes Wort. Das könnte mir nicht passieren, und das trifft immer nur andere, war meine Devise. Als es dann vor einigen Jahren meine Frau erwischte und sie mit einem schweren Burn-out psychologische Hilfe in Anspruch nehmen musste, beschäftigte ich mich erstmals persönlich mit diesem Thema.

Denn zur gleichen Zeit etwa beobachtete ich Symptome bei mir, wie die innere Unruhe, ein Pfeifen im Ohr, häufige Magenbeschwerden, regelmäßiges Sodbrennen etc. Für mich noch fast schlimmer als diese körperlichen Beschwerden war, dass ich spürte, wie meine Leistungsfähigkeit darunter litt. Ich war viel schneller auf hundertachtzig, ich habe häufig überreagiert und fühlte mich oft angegriffen. Schlicht, ich war kaum noch belastbar.

Das alles kam natürlich zu einem – im Übrigen immer – unpassenden Zeitpunkt. Denn ich hatte noch nicht lange eine neue Führungsverantwortung und eine Aufgabe im Unternehmen, die mir so wirklich alles abverlangte.

Was tun? Genau diese Frage schleppte ich einige Monate mit mir herum. Getan habe ich jedoch zunächst nichts, was natürlich völlig falsch war. Also ackerte ich weiter und gab alles, um meiner neuen Verantwortung gewachsen zu sein. Was ich jedoch völlig unterschätzte, war, dass mich die mir anvertrauten Führungsaufgaben wesentlich mehr forderten, als ich je gedacht hätte.

Ein erfolgreiches Key-Account-Management zu leiten, ist schon eine Herausforderung, die Mitarbeiterführung ist jedoch etwas ganz anderes. Ich hatte zwar in der Vergangenheit während meiner Selbstständigkeit auch eigene Mitarbeiter, die es zu führen galt, aber eine zwanzigköpfige Vertriebsmannschaft mit total unterschiedlichen Menschen zu leiten und dazu noch eine Umsatzverantwortung in zweistelliger Millionenhöhe erfolgreich zu steigern, ist damit nicht vergleichbar.

Anfangs war ich der Meinung, ich könnte mein Defizit mit Training ausgleichen und nahm auch an einem Privatissimum zum Thema »Mitarbeiterkonflikte« und »Führungsaufgaben« teil. Eine tolle Erfahrung und ein Training, das ich jedem nur empfehlen kann. Ich besprach gemeinsam mit dem Professor meine Probleme, und wir analysierten verschiedene Situationen aus dem realen Leben. Daraus ergaben sich aufschlussreiche Erkenntnisse. Er gab mir Beispiele von Vorgehensweisen, die ich direkt umsetzen konnte, wenn erneut Bedarf dafür bestünde.

Leider half es mir jedoch nicht beim Stressabbau. Was konnte ich nun tun?

Mir ging es zunehmend schlechter, und so kam es, wie es kommen musste – ich wurde krank. Starke Magen- und Darmprobleme setzten mich einige Wochen außer Gefecht. Nach zahlreichen Arztbesuchen und wochenlanger Geistesruhe ging es mir allmählich wieder besser.

Wie sollte es jedoch weitergehen? Ich konnte doch nicht dort weitermachen, wo ich aufgehört hatte. Also nahm ich wieder einmal mein Notizbuch und notierte mir alles, was ich künftig besser oder anders machen wollte.

Wie kann ich Stress abbauen?

Schaut man online nach Möglichkeiten, Stress abzubauen, dann findet man unzählige Webseiten, die diverse Maßnahmen anbieten oder davon berichten.

Ich bin der Meinung, jeder muss für sich die passende Anwendung herausfinden und sie ausprobieren. Was für den einen das Laufen ist, ist für den anderen überhaupt keine Option. Wieder ein anderer schwört auf Yoga, während der nächste ein heißes Bad bevorzugt.

Ich persönlich habe für mich die Ruhe als Mittel zum Abbau von Stress gefunden. Die Ruhe ohne ein permanent piependes Mobiltelefon. Die Ruhe beim Spaziergang mit meinem Hund. Oder die Ruhe im Gespräch mit meiner Frau vor dem knisternden Kaminofen. Was ich im Sommer als sehr angenehm für mich empfinde, ist die Arbeit im Garten.

Hier ein paar Beispiele, die beim Abbau von Stress hilfreich sein können:

- Musik hören
- Sport treiben
- sich mit dem Haustier beschäftigen
- essen gehen
- das Tanzbein schwingen
- selbst musizieren oder ein Instrument erlernen
- in Ruhe ein Buch lesen
- einen Spaziergang machen
- mit den Kindern spielen
- mit einer Tüte Kalorienbeschleuniger fernsehen
- sich mit Freunden treffen

Jeder wird für sich recht schnell den passenden »Stressabbaubewältiger« finden. Bleiben Sie einfach locker, entspannen Sie sich und sind Sie nicht verbissen in dem, was Sie tun oder tun wollen. Je lockerer Sie dabei bleiben, desto angenehmer und schöner ist es, Ihre Vorstellungen und Wünsche umzusetzen.

Kapitel 7 – Treffen Sie eine Entscheidung

Wichtige Schritte zur Selbstkontrolle

Wir sprachen über Ziele und Maßnahmen sowie über Vorgehensweisen, um an unsere Ziele zu gelangen. Dass das an sich bereits eine Herausforderung ist, leuchtet wohl jedem ein. Welche Schritte wir machen müssen und vor allem wie wir diese Schritte kontrollieren sollten, das möchte ich Ihnen in den nächsten Absätzen aufzeigen.

Was wir bisher jedoch noch nicht angesprochen haben, ist nach der Umsetzung einer der wichtigsten Punkte überhaupt: die Kontrolle. Besser jedoch auf uns bezogen – die Selbstkontrolle.

Wozu benötigen wir diese Art der Kontrolle? Das beantworten vielleicht bereits diese beiden Fragen:

- Was ist aus Ihrem letzten Plan oder Ziel geworden?

- Haben Sie erreicht, was Sie sich vorgenommen haben?

Auch ich habe nicht alle meine Vorhaben umgesetzt. Aus welchen Gründen? Was hat uns dabei aufgehalten? Warum haben wir unser Ziel nicht erreicht?

Wir sprechen zunächst nur von kleinen Vorhaben, wie zum Beispiel dem Ziel, täglich Sport zu treiben. Dazu gehört eine gehörige Portion Selbstdisziplin. Darüber hatten wir bereits gesprochen.

Was können wir jedoch tun, um nicht vom rechten Weg abzukommen?

Bei mir ist es das Ziel, mehr innere Ruhe zu erlangen. Nach zahlreichen Versuchen ist es mir bis heute nur zu – sagen wir mal – achtzig Prozent gelungen. Was schon nicht schlecht ist, jedoch wurde mein Ziel damit noch immer nicht erreicht.

Wie gehe ich vor?

Bewusst habe ich mir alle Dinge notiert, die mir einfielen. Also alle mich störenden Dinge.

Als Erstes war das Handy dran. Ich habe es bis heute nicht geschafft, das Gerät zu Hause aus dem privaten Bereich zu verbannen. Immer und immer wieder schaue ich nach neuen Nachrichten. Warum mache ich das? Wie kann ich das kontrollieren? In diesem Fall habe ich mich zunächst dafür entschieden, die Benachrichtigungstöne abzuschalten. Das hat den Vorteil, dass ich nicht bei jedem Piep auf das Gerät schaue. Das hilft mir schon einmal sehr. Somit komme ich wenigstens in der Nacht zur Ruhe.

Das sind nur Kleinigkeiten, die jedoch schon sehr helfen.

Aufpassen sollten Sie bei »Gelegenheiten«, die Sie abhalten von Ihren Vorhaben. Wenn Sie Ihre Projektarbeit fertigstellen wollen, ist es nicht hilfreich, sich dabei Ihre Lieblings-TV-Serie anzuschauen. Versuchen Sie, sich so wenig wie möglich ablenken zu lassen. Die täglichen Zerstreuungen machen es uns oft schwer, an einer Sache dranzubleiben.

Wenn Sie an einem Bericht für die Arbeit sitzen oder sich auf eine Prüfung vorbereiten, dann sollten Sie sich an einen ruhigen Ort zurückziehen, an dem Sie möglichst ungestört sind.

Auch zu diesem Thema gibt es viele Berichte und Studien. Ich möchte Ihnen hiermit nur vermitteln, dass die Selbstkontrolle ein wichtiges Werkzeug ist bei allem, was wir tun.

Machen Sie doch einmal eine kleine Übung, und nehmen Sie sich vor, einen Nachmittag lang bei der Arbeit nicht zu schimpfen oder zu fluchen. Hört sich leicht an, oder? Wenn doch etwas vorfällt, notieren Sie es.

Eine andere Übung könnte sein, dass Sie an einem Tag versuchen, ein Ihnen lästiges Wort bewusst nicht auszusprechen, sondern zu umschreiben. Ich nehme mir beispielsweise öfter vor, das Wort »Problem« nicht zu verwenden, weil es sich in jedem Zusammenhang negativ anhört.

Diese und andere kleine Aufgaben helfen Ihnen, Ihre Selbstkontrolle zu trainieren und zu steigern.

Zusammenfassend gilt:

1.) Minimieren Sie mögliche Versuchungen.
2.) Üben Sie regelmäßig.
3.) Machen Sie sich Notizen.

Wie auch schon in den vergangenen Kapiteln beschrieben, sollten Sie klare Zielvorgaben nutzen. Je klarer die Vorgaben sind, desto besser können Sie diese kontrollieren. Bleiben Sie stark bei dem, was Sie wollen! Werden Sie nicht schwach, und geben Sie keinen Versuchungen nach.

Es wird die Hölle für Sie werden. Aber schon bei der Anwendung und den ersten kleinen Erfolgen werden Sie feststellen, dass Ihnen genau das die Kraft gibt dranzubleiben. Meine Devise ist: kontrollieren, ändern und erneut besser umsetzen. Wenn ich mir wieder einmal vornehme, meinen Bauchansatz abzutrainieren, sind es genau diese kleinen Punkte, die mir das Erfolgsgefühl geben. Ich trainiere täglich nur ein paar Minuten, aber wichtig ist – täglich! Ich esse bewusst am Abend weniger und nehme mir beim Entspannen auf der Couch nur einen Pudding mit und nicht zwei. Der dadurch entstehende kleine Erfolg, den ich täglich im Spiegel betrachte, hilft, um mich am nächsten Tag noch mehr zu motivieren.

Nichts ist eine bessere Medizin für den Erfolg, als zu sehen, wie sich dieser Ihnen langsam nähert.

Wie stärke ich mein Selbstvertrauen?

Sind es eben diese schlauen Sprüche der Motivatoren? Teilweise lese ich mein Geschriebenes und überlege, ob das nun wirklich von mir kommt. Es hört sich vieles oft sehr ähnlich an. Warum wohl? Nun, ich bin der Meinung, weil es das ist. Warum wird in vielen Büchern immer wieder das oder ein ähnliches Thema aufgenommen?

Es ist immer das Gleiche, nur anders beschrieben. Jeder macht andere Erfahrungen, und jeder geht anders mit dem bereits Erlebten um.

Deshalb werden Sie in den nachfolgenden Zeilen einige Anregungen finden, wie Sie Ihr Selbstvertrauen stärken können, jedoch muss nicht zwangsläufig DER Tipp dabei sein, der für Sie passt. Weitaus mehr gute und wirkungsvolle Maßnahmen finden Sie auch wieder im Internet. Die Suchmaschine Ihres Vertrauens wird Ihnen dabei sicherlich behilflich sein.

Die nachfolgenden Anregungen habe ich selbst angewandt und urteile daher aus persönlicher Erfahrung.

Körperhaltung

Einer der wichtigsten Aspekte zum Thema Selbstvertrauen ist die Körperhaltung.

Stellen Sie sich doch einmal vor einen Spiegel, und schauen Sie sich bewusst Ihre Haltung an. Oder denken Sie bei einem Meeting einmal daran, wie Sie auf dem Stuhl sitzen. Erwischen Sie sich zeitweise dabei, wie Sie am Esstisch komplett in sich eingesackt sind?

Ein In-sich-Gehen und Ausruhen zu Hause auf der Couch ist vollkommen in Ordnung. Dort können sie Ihre Seele »baumeln« lassen. Doch wenn Sie Ihrem Gegenüber Stärke zeigen wollen, sollten Sie unbedingt Haltung annehmen!

Stehen Sie mit geschlossenen Beinen fest auf dem Boden und nehmen Sie Ihre Schultern dabei zurück, um den Brustkorb etwas nach vorne zu bringen. Stehen Sie gerade. Genau so sollten Sie auch am Tisch sitzen. Achten Sie auf Ihre Haltung, die niemals geduckt sein sollte. Der Effekt dieser Anspannung ist, dass Sie die Kraft selbst spüren und dadurch Ihre Stärke nach außen sichtbar zum Ausdruck bringen.

Setzen Sie Ihre Stimme ein

Ich habe meine kräftige Stimme im Laufe der Jahre so sehr trainiert, dass es heute zeitweise sogar so ist, dass sie zu laut und unangenehm für mein Gegenüber sein kann. Daher bin ich damit beschäftigt, wieder etwas ruhiger und leiser zu werden.

Tatsache ist jedoch, dass die Stimme eine nicht zu unterschätzende Auswirkung auf Ihr Selbstvertrauen hat. Wenn Sie selbst auch zu den Menschen gehören, die generell etwas leiser sprechen, beginnen Sie nach und nach Ihre Lautstärke anzuheben. Führen Sie zunächst Gespräche mit Ihnen bekannten Personen zum Beispiel auf der Arbeit oder in Ihrem Bekanntenkreis.

Warum ist die Stimme so wichtig?

Nun, die Erklärung ist einfach.

Denken Sie doch einfach einmal an einen Redner bei einem Vortrag, zu dem Sie eingeladen waren. Das Thema interessiert Sie, und die Erwartungen an den Redner und die Rede sind groß.

So ging es mir bei einem Kurs, zu dem ich mich angemeldet hatte. Voller Erwartung und Aufmerksamkeit saß ich im Publikum und wartete sehnsüchtig auf die Rednerin. Das Thema war »Die perfekte Präsentation«. Ich hatte meinen Schreibblock bereit und durch einen gut ausgewählten Platz freie Sicht auf die Bühne. Nun war es endlich so weit. Eine Frau, in ein dunkles Kostüm gekleidet, attraktiv und selbstbewusst, betrat die Bühne. Das Publikum applaudierte, und die Dame stellte sich zunächst vor.

Bis dahin war alles fast perfekt. Was jedoch nun kam, erschütterte mich. Zeitweise verstand ich die Dame gar nicht. Einzelne Wörter gingen unter. Sie waren zu leise. Die gesprochenen Sätze wirkten auswendig gelernt. Ich hoffte, das wäre die anfängliche Aufregung. Doch leider wurde es nicht besser, sondern bekam noch einen weiteren unangenehmen Touch. Die Frau verzichtete auf jegliche Betonungen. Sie sprach mit vollkommen monotoner Stimme. Ohne Pausen und Absätze, ohne Spannung und Leidenschaft wurden die Sätze aneinandergereiht. Es war für mich eine einzige Katastrophe.

So schick ich die Dame auch fand und so anspruchsvoll das Thema bestimmt noch werden würde – nicht für mich. Ich war so dermaßen enttäuscht und gelangweilt, dass ich erstmals einen Vortrag bereits nach zwanzig Minuten verlassen habe.

Spielen Sie mit Ihrer Stimme. Machen Sie das Gespräch zu einem Krimi. Machen Sie Pausen nach gestellten Fragen. Glauben Sie mir, das hilft ungemein und Ihr Gegenüber hört Ihnen zu.

Eine Ausnahme gibt es jedoch: Wenden Sie das leise Sprechen an, wenn Ihnen in Ihrem Vortrag keiner mehr zuhört. Warum? Die Zuhörer merken nach und nach, dass da vorne keiner mehr spricht oder nur so leise spricht, dass man sich konzentrieren muss, um etwas zu verstehen. Das ist genau der Effekt, der damit erzielt werden soll. Die Zuhörer werden wieder achtsam und sind wieder bei Ihnen. Probieren Sie es einmal aus. Es ist verrückt, wie hilfreich das ist.

Zeigen Sie Ihr schönstes Lächeln

Wie wir bereits alle schon gehört haben, hat das Lachen oder das Lächeln eine positive Wirkung. Diese emotionalen, angenehmen Gesichtsbewegungen wirken sich positiv auf unseren gesamten Köper und auch auf unser Selbstbewusstsein aus. Lächeln Sie in den Spiegel, lächeln Sie Ihre Kollegen an, Sie werden garantiert darauf angesprochen.

Auf sein Äußeres achten

Kennen Sie den Ausspruch ›sich in seiner Haut wohlfühlen‹?

Auch Sie sollten das. Und wie? Schon der Gang zum Frisör oder aber das Tragen eines neuen Anzugs kann das bewirken. Wie ich anfangs beschrieben habe, sind es für mich beispielsweise die Schuhe.

Und was ist es bei Ihnen? Wann fühlen Sie sich wohl in Ihrer Haut?

Legen Sie Wert auf Ihr Äußeres, und Sie werden nach außen selbstbewusster auftreten.

Einfach einmal etwas sagen

Ich habe es mehrfach beobachtet und finde es erstaunlich, wie wenige Menschen den Mund aufmachen. Stattdessen sitzen sie fast regungslos da und plappern entweder der Mehrheit nur nach oder sagen überhaupt nichts. Warum ist das so? Die Antwort ist einfach. Wenn man nichts sagt, macht man keine Fehler. Viele Menschen fürchten sich davor, etwas falsch zu machen und dann von anderen dafür negativ bewertet zu werden.

Dieses Phänomen erlebe ich sehr häufig. Diese Menschen fordern nur Dinge, die andere bereits erfolgreich angesprochen haben, oder aber Sie befürworten die Argumente des Vorredners. Bitte aber nur diese, die auch als positiv von der Gruppe aufgenommen wurden. Wie kann man das ändern? Was muss man tun, ohne sich angreifbar zu machen oder Angst haben zu müssen, dass man bloßgestellt wird?

Sagen Sie, was Ihnen nicht gefällt oder was Sie ändern würden. Sagen Sie Ihre Meinung. Diese kann und wird Ihnen keiner nehmen. Wichtig ist, dass Sie sich dazu äußern. Nur so bleiben Sie im Gedächtnis der anderen und wirken selbstbewusst.

Das muss nicht gleich eine lautstarke Aussage sein wie »Da bin ich aber anderer Meinung!«, sondern versuchen Sie es doch einmal mit einer offenen Frage. Offene Fragen sind W-Fragen: Wer? Was? Warum? Diese könnte beispielsweise lauten: »Was genau ist denn damit gemeint?« Oder auch: »Wie meinen Sie denn das?« Bleiben Sie sich selbst treu. Sprechen Sie laut, und sagen Sie, was Sie sich vorstellen. Sie können auch gerne mit den Worten beginnen: »Meine persönliche Meinung ist ...« Oder: »Ich bin der Meinung, wir sollten, könnten, müssten ...«

Nachfolgend gebe ich Ihnen gerne noch ein paar Tipps zum Thema:

Frei sprechen und Reden halten

Viele von uns haben Respekt oder sogar Angst vor einer Rede, die sie vor anderen halten sollen. Selbst ich bin vor jeder Rede nervös und angespannt. Heute noch, nach unzähligen Vorträgen und Präsentationen vor zum Teil mehreren Hundert Teilnehmern.

Wenn Sie jetzt denken, ich kann Ihnen diese Angst nehmen, muss ich Ihnen leider sagen – nein, das werde ich nicht. Aber ich kann es Ihnen möglicherweise etwas einfacher machen, und Sie werden dadurch mehr und mehr zum relaxten Redner.

Die Redeangst macht vor keinem Halt. Ob in der Schule beim Referat oder auf der Arbeit die Präsentation oder ein Vortrag vor Kunden. Häufig liest man, dass selbst Krankheit oder Tod den Menschen weniger Angst bereiten als der Gedanke, bei einer Rede ausgelacht oder ausgepfiffen zu werden.

Heute habe ich keine Angst mehr vor einer Rede. Ich bin zwar, wie bereits erwähnt, jedes Mal noch etwas aufgeregt, aber die Rede selbst macht mir keine Sorgen mehr.

So schrecklich ist das überhaupt nicht, wenn Sie einige Tipps dazu beachten:

1.) Die Vorbereitung – eine gute Vorbereitung ist der sicherste Weg zur erfolgreichen Rede.

2.) Üben Sie und studieren Sie Ihre Rede ein.

3.) Erstellen Sie einen Leitfaden.

4.) Achten Sie auf Ihre Stimme.

5.) Ihre Einstellung ist wichtig.

Die Vorbereitung

Was soll ich denn vorbereiten? Wie soll das denn gehen? Ich habe eine Präsentation erstellt und soll diese nun vortragen. Okay, dann klicke ich durch die Seiten und lese vor, was dort steht. Oder nicht?

Nein! Eben nicht. Außer Sie sind nach der Teambesprechung in der Firma ausgesucht worden, die gemeinsam erstellte Arbeit der Geschäftsleitung vorzutragen.

Ein anderes Beispiel wäre, dass Sie auf einer Veranstaltung mit mehreren Hundert Besuchern einen Gast ankündigen sollen und diesen für sein Kommen danken möchten.

Es könnte jedoch auch nur eine Geburtstagsfeier sein, bei der Sie vor einigen Gästen eine kleine Geschichte über das Geburtstagskind erzählen möchten. Zu all diesen Reden, Vorstellungen oder Präsentationen sollten Sie sich gut vorbereiten. Auch der Profi macht das, und unter anderem ist er deshalb zum Profi geworden.

Wie kann so eine Vorbereitung aussehen? Ist die Vorbereitung für all diese Beispiele die gleiche?

Im Prinzip ja. Wenn ich die Gelegenheit habe, nutze ich diese, um mich entsprechend vorzubereiten, indem ich einen Leitfaden erstelle. Das rate ich auch meinen Mitarbeitern und Kollegen, teilweise sogar vor einem Telefonat. Die Antwort auf die Frage »Warum?« ist ganz einfach. Es nimmt die Angst, man fühlt sich sicherer, und es gibt uns eine Richtung. Ein guter Tipp, der mir persönlich half und den ich heute immer noch anwende, sind kleine Heftnotizen, die ich mir in meinen Vortrag oder die vorzutragende Agenda hefte. Schlagworte und Punkte, die ich ansprechen möchte. Oftmals stelle ich im Nachhinein fest, dass ich die Karteikarten oder Heftnotizen überhaupt nicht benötigte. Das ist ein Grund, warum ich es heute trotzdem immer noch praktiziere: weil es mir Sicherheit gibt. Denn wenn ich eine Blockade haben sollte, dann hilft mir meine Notiz beim Auflösen und bringt mich so wieder auf die Spur.

Üben Sie und studieren Sie Ihre Rede ein

Was Sie auf jeden Fall machen sollten, wenn Sie die Zeit und die Möglichkeit haben, ist, Ihren Vortrag oder Ihre Rede für sich selbst vor einem Spiegel oder in einem ungestörten Raum zu halten und Ihren Leitfaden durchzugehen. Der Vorteil ist, dass Sie bei dieser Übung kleine eingebaute Notizfehler oder einzelne Worte noch ändern können, wenn Sie unzufrieden damit sind. Üben Sie einfach. Es wird Ihnen helfen, sicherer zu werden.

Für mich persönlich ist eine gute Vorbereitung das Wichtigste. Ich gehe immer vorbereitet in jedes Meeting, auf jede Bühne, zu jeder Präsentation und in jedes Kundengespräch. Für mich gibt es nichts Schlimmeres und Ärgerlicheres, als an Besprechungen teilzunehmen, in denen die Teilnehmer unvorbereitet sind. Das ist für mich verschwendete Zeit. Dabei genügt es auch nicht, den obligatorischen Notizblock und den dazugehörigen Kugelschreiber vor sich auf dem Tisch liegen zu haben. Wenn dort nichts steht und auch nach der Besprechung immer noch ein weißes Blatt Papier liegt, spätestens dann wird mir immer wieder klar, dass sich nach diesem Meeting nichts ändern wird.

Beobachten Sie dieses Phänomen doch einmal eine Zeit lang, und Sie werden mir bestimmt zustimmen.

Erstellen Sie einen Leitfaden

Ein Leitfaden kann unterschiedlich aufgebaut sein. Ein sogenannter roter Faden sollte erkennbar sein. So zum Beispiel beginne ich bei einer Rede in der Regel mit der persönlichen Vorstellung.

Dabei ist es natürlich wichtig zu beachten, vor welchem Publikum man spricht. So kann ich beispielsweise vor einer Hochzeitsgesellschaft in der Du-Form sprechen und Menschen, die ich nicht persönlich kenne, trotzdem per Du ansprechen. Bei einer Rede vor Kunden und Interessenten sollte man jedoch auf die Du-Form verzichten.

In dem Leitfaden muss auch nicht die Begrüßung wortwörtlich notiert werden. Das ist jedem selbst überlassen. Ich persönlich schreibe auf meiner Karte immer nur in Stichworten. In diesem Fall zum Beispiel:

- Begrüßung (besondere Personen persönlich erwähnen)

Sie könnten jedoch, wenn Sie sich besser fühlen, auch schreiben:

- Begrüßung: »Herzlich Willkommen zu unserer Jahresveranstaltung. Mein Name ist ... und ich begleite Sie heute durch den Abend.«

Ein Leitfaden kann auch Infos enthalten, die nicht fester Bestandteil der Rede sind. Stellen Sie sich einmal vor, Sie sprechen vor einem Publikum. Während Ihres Vortrages erhebt ein Zuhörer die Hand und stellt Ihnen eine Frage, auf die sie antworten sollten, aber nicht vorbereitet sind. Wenn Sie keine Antwort auf die Frage parat haben, dann verwenden Sie die Antwort auf Ihrer Karte. Diese könnte dafür sein: »Danke für Ihre interessante Frage. Stellen wir diese doch einmal kurz zurück. Möglicherweise ist Ihre Frage am Ende des Vortrags beantwortet. Und wenn nicht, nehmen wir das Thema gerne nochmals auf.«

Bauen Sie Sicherheit ein. Überlegen Sie sich Ihre Antworten auf mögliche Fragen im Vorfeld und notieren Sie sich die Antworten auf Ihrer Karte.

Der weitere Verlauf Ihres Leitfadens könnte dann wie folgt aussehen:

- Vorstellung meiner Person
- Vorstellung der Agenda
- Ehrung bestimmter Personen
- Hinweise auf Erfolge
- Dank an die Geschäftsleitung und die Mitarbeiter
- Verabschiedung und Hinweis auf das nächste Treffen

Hier können Sie alles notieren, was Ihnen hilft, den roten Faden nicht zu verlieren.

Achten Sie auf Ihre Stimme

Ich habe von den verschiedensten Möglichkeiten und Tipps gelesen. Zum Beispiel dem Kauen von Kaugummi vor dem Vortrag, um einer möglichen Verkrampfung vorzubeugen. Aber auch von Tonübungen, die für mich persönlich nicht infrage kamen. Ich bin doch kein Sänger. Im Internet gibt es zahlreiche Tipps zu Atemtechniken und Kehlkopftrainings. Ich trainiere meine Stimme nicht vorher, sondern stelle mir während der Rede ein Glas Wasser zur Seite, von dem ich zwischendurch immer einen kleinen Schluck nehme.

Die Einstellung ist wichtig

Sie werden nun sagen: »Nein, nicht schon wieder.« Doch. Genau das ist es aber. Wenn Sie mit der Einstellung, dass Sie sich sicher versprechen und alle darüber lachen werden, Ihre Rede antreten, dann ist das definitiv nicht die richtige Einstellung dazu. Da geben Sie mir doch sicherlich recht.

Ob Sie nun gleich voller Freude an Ihren Auftritt gehen, kann ich nicht beurteilen. Fakt ist, dass das jedoch absolut besser ist und Ihnen Mut und Kraft und Selbstsicherheit gibt. Ich freue mich auf jede Rede und sehe jede weitere als eine positive Erfahrung an, die ich erleben darf.

Wenn Sie dann noch von Ihrem Vortrag selbst überzeugt sind und hinter dem stehen, wovon Sie berichten, dann ist das der perfekte Zustand.

Was Sie sonst noch wissen sollten

Die Sache ist ja die, Sie wollen reden, benötigen aber Zuhörer! Keiner Ihrer potenziellen Zuhörer ist jedoch verpflichtet, Ihnen zuzuhören. Zuhörer müssen in der Tat erst gewonnen werden. Und genau dafür sind Sie in Ihrer Rolle als Redner verantwortlich. Wichtig ist in diesem Zusammenhang, dass Sie sich vorher bereits in der Vorbereitung Gedanken dazu machen, wer Ihre Zuhörer überhaupt sind.

Sind sie freiwillig hier? Hat das jemand angeordnet? Oder bin ich selbst der Chef, der zum Zuhören einlädt? Sind sie motiviert, interessiert und gut drauf? Oder warten sie nur auf eine Gelegenheit, mich zu vernichten? Ich stelle mir bei einem bevorstehenden Vortrag immer folgende Fragen:

- Wer ist mein Publikum?

- Was will ich, und was wollen meine Zuhörer?

- Was kann ich tun, dass meine Zuhörer mir zuhören?

Aber selbst wenn Sie all das berücksichtigen und Antworten auf die Fragen gefunden haben und diese umsetzen wollen, bedeutet das noch lange nicht den Erfolg Ihrer Rede. Hier kommt wieder der erste Eindruck zur Geltung. Man sagt auch, das Eis sei geschmolzen oder aber nach dem ersten Eindruck sind Sie unten durch. Es gibt Redner, die bereits vor den ersten Worten beim Zuhörer durchgefallen sind.

Warum?

Das liegt an der Art ihres Auftritts. Hier können viele Faktoren eine Rolle spielen. Ein persönliches Erlebnis zeigte mir das ganz deutlich:

Ich hatte einen Vortrag gebucht und bin voller Vorfreude und Motivation auf die Abendveranstaltung. Ich habe mir relativ weit vorne einen schönen Platz ausgesucht und mir meinen Stift und meinen Block zurechtgelegt. Mir fiel auf, dass weiter vor mir auf der linken Seite zwei Herren an einem kleinen Tisch neben der Bühne saßen. Ich rätselte, ob einer der beiden der Redner sein könnte, und beobachtete sie ein wenig. Der eine Herr saß nur ruhig vor seinem Notebook und tippte auf der Tastatur herum. Der andere, mit einem dunklen Anzug gekleidet, zupfte unentwegt an seinem Sakkokragen herum. Er strich sich häufig über seine Haare und machte einen nervösen Eindruck. Das musste der Redner sein. Dann geschah Folgendes: Genau dieser Mann stand auf, betrat die Bühne von der Seite und begab sich an einen kleinen runden Tisch, der dort stand. Darauf befand sich ein Notebook und eine Getränkeflasche. Er nahm einen Stapel Papier in die Hand und blätterte darin herum. Dabei sah ich genauer hin und musterte sein Outfit. Er trug eine Fliege – puh, wie schlimm, dachte ich mir. Und seine Schuhe. Nein, das konnte nicht wahr sein: Mokassins. Am Hemd Manschettenknöpfe und einen gefetteten und gedrehten Schnauzbart. Die Haare fettig und strähnig nach hinten gekämmt. Mein Gedanke war nur: Bitte nicht. Das ist nicht der Vortragsredner.

Es ist einfach so. Man macht sich sein eigenes Bild. Und die Optik übertrifft den Inhalt. Also machen wir eine Schublade auf und rein damit. Fertig, die Rede ist für die Katz.

Merken wir uns:

- Wir kleiden uns vernünftig und ordentlich.
- Wir zeigen unser freundlichstes Lächeln.
- Wir betreten die Bühne zügig und zielsicher.
- Wir schauen immer ins Publikum und nicht auf den Boden.
- Wir starten mit unserer Rede sofort, nicht erst nach Minuten.

Dann haben wir circa zwanzig Sekunden, um unsere Zuhörer zu fangen und sie für uns zu begeistern. Jetzt sind noch alle gespannt und aufmerksam. Nutzen Sie diese Chance für sich und hinterlassen Sie einen guten Eindruck.

Die Begrüßung

An einer Universität wurde herausgefunden, dass die Aufmerksamkeit der Zuhörer nach ungefähr zehn Minuten stark sinkt. Daher handhabe ich das, sofern machbar, so:

Ich starte mit der Begrüßung, die freundlich und kurz gehalten werden sollte.

Hier ein Beispiel, wie Sie es auf keinen Fall machen sollten:

»Guten Tag, meine sehr geehrten Damen und Herren. Ich freue mich sehr, heute bei Ihnen zu sein und Sie über meine tollen Erfahrungen, die Sie bestimmt begeistern werden, zu informieren. Ich möchte Ihnen heute von meinen besonderen Eigenschaften als Trainer berichten, die Sie bestimmt interessieren werden. Wie Sie sicher bereits wissen, habe ich meine Trainerprüfung bereits 1999 abgelegt und seitdem viel Erfahrung sammeln können, die Sie bestimmt nutzen können.«

Das ging dann noch zwei bis drei Minuten so weiter. Puuuhhh!

Der Redner meinte es gut, hat sich jedoch bereits in den ersten zwei Minuten selbst aus dem Rennen katapultiert. In dieser Einleitung und Begrüßung war wirklich alles falsch, was man falsch machen kann.

Besser ist es wie folgt:

»Meine Damen und Herren, ich freue mich sehr, heute bei Ihnen zu sein. Mir ist bewusst, dass ich diese Worte sehr oft zur Begrüßung verwende. Doch ich freue mich wirklich sehr, bei Ihnen zu sein, weil ...«

Der Zuhörer bemerkt, dass sich der Redner in sein Publikum hineinversetzt und im Vorfeld eventuelle Kritik wie »Na ja, das sagt er ja bestimmt jedes Mal« dadurch abwendet. Keiner ist genervt, weil die Begrüßung immer gleich beginnt oder sich abgedroschen anhört. Das ist eine Basis, auf der man seine Rede sehr gut aufbauen kann.

Nach der Begrüßung achte ich immer darauf, keine zu langen Geschichten oder Beispiele zu bringen. Denn wir sollten die »zehn Minuten« im Auge behalten.

Nun benötigen wir ja noch unsere Einleitung. Diese gestalte ich meist so, dass ich eine kurze Agenda vorstelle und das jeweilige Kapitel nicht länger als zehn Minuten ist. Perfekt ist es, wenn Sie nach jedem Kapitel eine Aufmunterung einbauen. Dies kann eine lustige Bilderserie oder ein Video sein oder aber ein passender Witz zu diesem Thema.

Wichtig ist jedenfalls, dass Sie nicht sofort mit dem nächsten Kapitel weitermachen. Dadurch wird das besprochene Kapitel vom Zuhörer als kurzweilig empfunden und die Erwartung auf das kommende wird erhöht.

Zu beachten ist auch, dass Sie innerhalb Ihres Kapitels darauf achten, dass die wichtigsten Informationen dazu am Anfang des Vortrags der zehn Minuten gebracht werden.

NA KLAR:
Beachten Sie immer die Zeitspanne von zehn Minuten in jedem Kapitel, um Ihre Zuhörer nicht zu langweilen.

Analysieren Sie Ihre Rede. Um selbst zu erfahren, wie Sie auf die Zuhörer wirken und um sich stetig zu verbessern, ist es das Wirkungsvollste, wenn Sie Ihre Rede aufzeichnen. So erkennen Sie selbst am besten, was Sie gut gemacht haben oder was Sie noch verbessern oder ändern können. Was ist gut angekommen, welche Situationen oder Gesten hatten eine positive Wirkung bei den Zuhörern? Die Analyse ist die beste Vorbereitung für Ihre nächste Rede. Ich wünsche Ihnen dafür schon jetzt ein gutes Gelingen und viel Erfolg.

Noch ein paar abschließende Gedanken

Welche Entscheidung ist für mich die richtige? Was will ich in der Zukunft erreichen? Was kann ich für mich und andere tun in der Zukunft?

Diese Fragen kann ich Ihnen nicht beantworten. Sie selbst müssen sich im Klaren sein, was Sie wollen.

Albert Einstein sagte bereits: »Mehr als die Vergangenheit interessiert mich die Zukunft, denn in ihr gedenke ich zu leben.«

Auch ich musste und werde immer wieder Entscheidungen treffen. Manchmal sind diese Entscheidungen mit Risiken verbunden. Mal kleiner ein andermal größer. Sicher ist, dass sie Veränderungen mit sich bringen.

Treffen auch Sie Ihre Entscheidung, wenn Sie das bisher noch nicht getan haben. Nehmen Sie Ihr Leben selbst in die Hand.

Haben Sie keine Angst vor Veränderungen. Ich kann Ihnen sagen, alle von mir bewusst durchgemachten Veränderungen hatten einen positiven Ausgang. Beginnen Sie mit kleinen Dingen wie zum Beispiel einer optischen Veränderung an sich selbst. Denken Sie über einen Wohnungswechsel nach. Möglicherweise bietet Ihnen eine neue Umgebung und ein komplett neues Umfeld viel bessere Möglichkeiten. Eventuell ergeben sich noch bessere Kontakte, und Sie finden neue Freunde.

Was geben mir Zitate und Sprüche?

Es gibt unzählige tolle und weise Zitate und Sprüche, und man könnte damit sicherlich ein Buch füllen. Jeder geht anders mit solchen Zitaten um. Der eine findet sie »doof«, und man hört Aussagen wie zum Beispiel »Der hat gut reden« oder »Davon wird es auch nicht besser«, oder es gibt diejenigen Menschen, für die diese Zitate aufbauend sind, die ihnen Kraft geben und sie motivieren.

Jeder von uns hat eine andere Meinung, wir sind alle unterschiedlich. Keiner ist wie der andere. So auch die Einstellung zum Leben und auch zu solchen Zitaten.

Probieren Sie doch einmal Folgendes aus, wenn Sie wieder einmal niedergeschlagen und müde durch den Tag gehen. Sie werden staunen, welche Erkenntnisse sie daraus erlangen. Setzen Sie sich an einen ruhigen Ort und lassen Sie Ihre Gedanken kreisen. Fragen Sie sich:

Bin ich mit meinem Leben bisher zufrieden?

Habe ich alles erreicht, was ich mir vorgenommen habe?

Bin ich erfolgreich mit dem, was ich tue?

Habe ich schon alles getan, was ich jemals tun wollte?

Wenn Sie mindestens eine der Fragen mit »Nein« beantworten, dann sollten Sie darüber nachdenken, vielleicht doch noch einmal GAS zu geben. Lesen Sie die Zitate auf den nachfolgenden Seiten aufmerksam durch, und wenn sich beim Lesen ein leichtes Grinsen in Ihrem Gesicht abzeichnet, dann sind Sie auf dem besten Weg, vorwärtszukommen und nicht auf der Bremse zu stehen. Ich wünsche es Ihnen sehr. Sie können es schaffen, der Wille ist da, und zum Umsetzen haben Sie das Zeug dazu. Sonst wären Sie jetzt nicht am Ende des Buches angekommen.

Ich drücke Ihnen die Daumen und glaube fest an Sie. Vielleicht schreiben Sie mir eines Tages eine Nachricht, dass Sie es geschafft haben. Oder aber Sie sind enttäuscht und haben die Flinte ins Korn geworfen. Aber auch dann haben Sie wieder vieles dazugelernt und können einmal mehr aufstehen, kämpfen und Gas geben. Der Anfang zum Start auf IHREM Weg.

Ingo Schönherr

Zitate und Sprüche

»Wenn wir uns auf das Schlimmste gefasst machen, haben wir nichts mehr zu verlieren. Und das bedeutet automatisch – dass wir alles zu gewinnen haben!«
Dale Carnegie (Sorge dich nicht – lebe! 6. Auflage 2016 Seite 41)

»Nur wer mehr als andere will, hat die Chance, mehr als andere zu bekommen.«
Jörg Löhr (Erfolg und Motivation in Zeiten der Veränderung 2018 Seite 61)

»Nichts verleitet so leicht zum Aufgeben wie Erfolg.«
Aldous Huxley (1894–1963)

»Wenn es offensichtlich ist, dass die Ziele nicht erreicht werden können, sollten Sie nicht die Ziele korrigieren, sondern die Handlungen.«
Konfuzius (551–479 v. Chr.)

»Ganz gleich, wie beschwerlich das Gestern war, stets kannst du im Heute von Neuem beginnen.«
Buddhistische Weisheit

»Nur wenn du wagst, Dinge zu tun, die du bisher noch nicht beherrschst, wirst du wachsen.«
Ralph Waldo Emerson (1803–1882)

»Es erscheint immer unmöglich, bis es vollbracht ist.«
Nelson Mandela (1918–2013)

»Es ist nicht genug zu wissen, man muss auch anwenden; es ist nicht genug zu wollen, man muss auch tun.«
Johann Wolfgang von Goethe (1749–1832)

»Alles auf der Welt kommt auf einen gescheiten Einfall und auf einen festen Entschluss an.«
Johann Wolfgang von Goethe (1749–1832)

»Bejahe den Tag, wie er dir geschenkt wird, statt dich am Unwiederbringlichen zu stoßen.«

Antonie de Saint-Exupery (1900–1944)

»Wege entstehen dadurch, dass man sie geht.«
Franz Kafka (1883–1924)

»Wer immer tut, was er schon kann, bleibt immer das, was er schon ist.«
Henry Ford (1863–1947)

»Gut gemacht ist besser als gut gesagt.«
Benjamin Franklin (1706–1790)

»Es ist keine Schande, nichts zu wissen, wohl aber, nichts lernen zu wollen.«
Platon (427–347 v. Chr.)
»Wenn du liebst, was du tust, wirst du nie wieder in deinem Leben arbeiten.«
Konfuzius (551–479 v. Chr.)

»Es ist ein großer Vorteil im Leben, die Fehler, aus denen man lernen kann, möglichst früh zu begehen.«
Winston Churchill (1874–1965)

»Entweder wir finden einen Weg oder wir machen einen!«
Hannibal Barkas (247–183 v. Chr.)

»Nichts in der Welt wirkt so ansteckend wie Lachen und gute Laune.«
Charles Dickens (1812–1870)
»Wer dauernd auf der Bremse steht, wird ohne Gas nicht vorankommen.«
Ingo Schönherr

»Es ist nicht das Essen, es ist der Koch, der es gut gemacht hat.«
Ingo Schönherr

»Erfolg ist nicht, einen Porsche oder eine Million Euro zu haben. Erfolg ist es, sein Leben so zu leben, wie man es gerne leben möchte!«
Ingo Schönherr

»Unsere größte Schwäche liegt im Aufgeben. Der sicherste Weg zum Erfolg ist immer, es doch noch einmal zu versuchen.«

Thomas Alva Edison (1847–1931)

»Tun Sie, was Sie im Grunde Ihres Herzens für richtig halten – denn kritisiert werden Sie sowieso.«

Dale Carnegie (Sorge dich nicht – lebe! 6. Auflage 2016 Seite 269)

»Nur die Vorstellung des Guten, welche die entgegengesetzte Vorstellung überwiegt, treibt stets den Willen zur Handlung an.«

Gottfried Wilhelm Leibniz (1646–1716)